MW00614554

COLECCIÓN POPULAR

42

EL LIBRO DE LOS LIBROS
DE CHILAM BALAM

Traducción de sus textos paralelos por

ALFREDO BARRERA VÁSQUEZ y SILVIA RENDÓN

basada en el estudio, cotejo y reconstrucción hechos por el primero, con introducciones y notas.

EL LIBRO
DE LOS LIBROS DE
CHILAM BALAM

FONDO DE CULTURA ECONÓMICA
MÉXICO

Primera edición (Biblioteca Americana), 1948
Segunda edición (Colección Popular), 1963
Vigésima reimpresión, 1998

D. R. © 1948, FONDO DE CULTURA ECONÓMICA
D. R. © 1985, FONDO DE CULTURA ECONÓMICA, S. A. DE C. V.
D. R. © 1995, FONDO DE CULTURA ECONÓMICA
Carretera Picacho-Ajusco 227; 14200 México, D. F.

ISBN 968-16-0977-8

Impreso en México

A la memoria de los ilustres
precursores de la filología maya

JUAN PÍO PÉREZ
y CRESCENCIO CARRILLO Y ANCONA,

a cuyos afanes se debe la conser-
vación de la mayor parte de las
fuentes originales

ADVERTENCIAS PERTINENTES

La ortografía del maya es tradicional. Para su pronunciación hay que tomar en cuenta lo siguiente:

c ante toda vocal tiene valor de *k* o *qu*, es decir, que ante *e* o *i* debe leerse *que* o *qui*.

h es siempre aspirada como en inglés, excepto en *ch* que suena como el diagrama del español y del inglés y en *th* cuyo sonido se explica más abajo.

s y *z* suenan como la *s* del inglés o del español de América.

th representa un sonido de *t* glotalizado.

' (un apóstrofo) arriba y después de una consonante hace que suene glotalizada; y arriba y después de una vocal tiene valor de consonante glotal (*glottal stop*).

dz representa un sonido africado glotalizado sordo que debiera representarse así: *ts'*, usándose tres signos. Es el sonido glotalizado del diagrama tradicional *tz* (*ts*). Antiguamente se representó con *c* invertida (ɔ).

Los paréntesis cuadrados [ ] encierran inclusión del autor y los paréntesis angulares < > restituyen o corrigen.

INTRODUCCIÓN GENERAL

LOS LIBROS DE CHILAM BALAM

Los llamados Libros de Chilam Balam forman una de las secciones más importantes de la literatura indígena americana. Fueron redactados después de la conquista española, por lo que su escritura y su forma material son europeos. Es decir, su escritura es la que los frailes españoles adaptaron a la fonología de la lengua maya en Yucatán y el papel usado —por lo menos en las copias ahora existentes— es también europeo, formando cuadernos. Algunos, si no todos, tuvieron tapas de vaqueta. El material que contienen es heterogéneo. De modo general puede clasificarse así: *1)* Textos de carácter religioso: *a)* puramente indígena; *b)* cristiano traducido al maya. *2)* Textos de carácter histórico, desde crónicas con registro cronológico maya a base de la "cuenta corta" (katunes en series de 13) hasta simples asientos de acontecimientos muy particulares sin importancia general. *3)* Textos médicos, con o sin influencia europea. *4)* Textos cronológicos y astrológicos: *a)* tablas de series de katunes con su equivalente cristiano; *b)* explicaciones acerca del calendario indígena; *c)* almanaques con o sin cotejo con el Tzolkin maya, incluyendo predicciones, astrología, etc. *5)* Astronomía según las ideas imperantes en Europa en el siglo xv. *6)* Rituales. *7)* Textos literarios; novelas españolas, etc. *8)* Miscelánea de textos no clasificados.

Como se ve, la diversidad de su contenido abarca todas las fases culturales por que fue pasando el pueblo maya de Yucatán hasta que cesaron de compilarse. Es indudable que gran parte de sus textos religiosos e históricos puramente nativos provienen de los antiguos libros jeroglíficos, de los cuales solamente existen disponibles en el mundo tres, todos en Europa (véase Villacorta y Villacorta, 1933). Otra porción de sus textos ha sido registrada de fuente oral y el resto de impresos europeos.

Vinieron a llamarse Libros de Chilam Balam, no sabemos desde cuándo. No consta este nombre como título original de ninguno actualmente, aunque Pío Pérez asienta en una de sus transcripciones: "Hasta aquí termina el libro titulado Chilambalam que se conservó en el pueblo de Maní..." (Códice Pérez, Ms., p. 137.) De todos modos, el nombre es ya una denominación técnica aceptada para designar este tipo de libros yucatecos.

Balam es el nombre del más famoso de los Chilames que existieron poco antes de la venida de los blancos al continente. Balam es un nombre de familia, pero significa jaguar o brujo, en un sentido figurado. Chilam (o chilan) es el título que se daba a la clase sacerdotal que interpretaba los libros y la voluntad de los dioses. La palabra significa "el que es boca" (véase Landa, 1938, ed. yuc., p. 50 y Diccionario de Motul, Ms., *sub voce*). Chilam Balam predijo el advenimiento de una nueva religión y de allí su fama. Vivió en Maní en la época de Mochan Xiu poco antes de la conquista española.

Cómo llegaron a organizarse y multiplicarse los Libros de Chilam Balam, lo suponemos así: Algún sacerdote (o varios sacerdotes simultáneamente) recibiría instrucción de los frailes, aprendiendo a leer y escribir en su propia lengua. Aprovechando esta nueva adquisición de su cultura, transcribiría textos religiosos e históricos contenidos en sus libros jeroglíficos, incluyendo los de las predicciones de Chilam Balam. De una o varias fuentes saldrían copias que pasarían a manos de los sacerdotes nativos de otros pueblos, viniendo así a incluir en su denominación el nombre del lugar de procedencia: Chumayel, Maní, Tizimín, etc. En cada poblado al núcleo original se le fue adicionando otro material de acuerdo con el criterio del curador y según los acontecimientos locales. Como se les tenía por libros sagrados, que eran leídos en ciertas ocasiones, había el interés de conservarlos para la posteridad y fuéronse copiando y recopiando cuando se deterioraban. Los copistas cometieron errores de lectura, por lo que en veces, sea por desgaste, mala escritura anterior, manchas, etc., no entendieron alguna palabra correctamente, la transcribieron mal, o la sustituyeron por otra, en ocasiones correcta según el contexto, pero no exactamente igual a la que se sustituía, sino sinónima; cometieron algunos errores de escritura; dejaron de poner palabras faltantes completamente o agregaron de su cosecha otras, etc. El tiempo destruía los libros materialmente y destruía a su vez el entendimiento que sus curadores deberían tener de su contenido al modificar su propia cultura. Así pues, las copias hoy existentes no son las originales del siglo XVI en sus textos de fondo, sino copias de copias muy posteriores, algunas del siglo XVII y otras aun del presente siglo. Gran parte de estos textos que llamamos de fondo aparecen repetidos una o más veces en los Libros, pero en cada ocasión las versiones no son idénticas, por las razones apuntadas.

Puede entonces decirse que los Libros contienen dos tipos de texto, en lo que respecta a la posibilidad de su exégesis: *1)* los susceptibles de ser reconstruidos por cotejo de sus varias versiones y *2)* los que no son susceptibles de reconstrucción porque son singulares. Algunos de estos últimos, debido a su asunto, simplicidad y época no lejana, obviamente no necesitarían reconstrucción. De ahí que hayamos preferido hacer un Libro de Libros de Chilam Balam, en lugar de hacer traducciones aisladas de cada uno, y que hayamos preferido los textos del tipo 1 para hacerlo, dejando para más adelante los del tipo 2, pues es posible que sean hallados nuevos Libros donde aparezcan textos paralelos de algunos que actualmente son singulares. Por de pronto, hasta 1936, el texto de "El Lenguaje de Zuyua", incluido en esta obra, no tenía paralelo, pero en ese año fue descubierto el Libro de Chilam Balam de Tusik en donde vino una versión que ha servido mucho para aclarar algunos pasajes.

Así pues, la presente obra contiene la traducción de los textos de los cuales existe más de una versión. Las traducciones se han hecho sobre la reconstrucción realizada mediante una cuidadosa colación de las varias versiones, siguiendo un método riguroso, como puede verse

11

en nuestra edición crítica de la Crónica publicada por la Carnegie Institution of Washington en 1949, con un comentario por el Dr. Sylvanus G. Morley.

Al presente hay listados más de una docena de Libros de Chilam Balam, pero los disponibles para estudio son los siguientes: *1)* Chumayel, *2)* Tizimín, *3)* Káua, *4)* Ixil, *5)* Tekax, *6)* Nah, *7)* Tusik y *8)* Códice Pérez (Maní).

Hay noticias de otros: el de Teabo, que parece ser el mismo de Tekax y los de Peto, Nabulá, Tihosuco, Tix-kokob, Hocabá y Oxkutzcab, pero nadie los ha descrito, ni se sabe dónde se encuentran.

Se dio en llamar Chilam Balam a la Crónica de Calkiní de carácter puramente histórico, traducida por nosotros y publicada, con el nombre de Códice de Calkiní, en 1957.

La referencia clara de la existencia de los Libros de Chilam Balam en los principios del siglo XVII la tenemos en Sánchez de Aguilar, que dice en su informe (ed. 1937, p. 181): "Ultra que sería muy útil que hubiese impresos en la lengua de estos Indios, que tratasen del Génesis y creación del mundo; porque tienen fábulas, o historias muy perjudiciales, y algunos las han hecho escribir, y las guardan, y leen en sus juntas. E yo huue un carta-pacio destos que quité a un Maestro de Capilla, llamado Cuytun del pueblo de Çucop, el cual se me huyó, y nunca le pude auer para saber el origen deste su Génesis..." Cogolludo (1867-1868, vol. I, p. 310), después de citar las palabras de Sánchez de Aguilar, agrega: "Recién venido yo de España oí decir a un religioso llamado Fr. Juan Gutiérrez, y era gran lengua de estos indios, que había visto otro escrito semejante al dicho..." También menciona Cogolludo (*ibid.*, p. 183) "un librillo..." que fue seguramente —o es— una crónica histórica del tipo de las de los Pech o de la de Calkiní.

El Dr. D. Agustín de Echano, canónigo que fue de la Catedral de Mérida (Yucatán), en la aprobación de una obrita en maya, impresa en 1758, asienta: "La experiencia de manejar tan incesantemente a los indios en cerca de doce años que les serví, me enseñó que el motivo de estar todavía muchos tan apegados a sus antigüedades era porque siendo los naturales muy curiosos, y aplicán-

12

dose a saber leer, los que esto logran, cuanto papel tienen a mano tanto leen; y no habiendo entre ellos más tratados en su idioma que los que sus antepasados escribieron, cuya materia es sólo de sus hechicerías, encantos y curaciones con muchos abusos y ensalmos" (en Domínguez, 1758). Damos inmediatamente una breve reseña de cada uno de los ocho más conocidos:

1. El Chilam Balam de Chumayel

Procede del pueblo de Chumayel, Yucatán. Fue propiedad del Sr. Obispo Crescencio Carrillo y Ancona. En 1868, siendo ya propiedad de éste, fue copiado a mano por el Dr. Berendt y en 1887 fotografiado por Teoberto Maler. George B. Gordon, director del Museo de la Universidad de Pennsylvania, lo fotografió y editó en forma facsimilar en 1913. Pasó a la Biblioteca Cepeda de Mérida en 1915 de donde fue sustraído juntamente con otros manuscritos, antes de 1918. En 1938 apareció en venta en los Estados Unidos en la suma de siete mil dólares. Más tarde, fue de nuevo ofrecido en venta al Dr. Sylvanus G. Morley por la suma de cinco mil dólares.

Partes de él han sido traducidas y publicadas desde 1882, pero la primera traducción completa la publicó Antonio Médiz Bolio en Costa Rica en 1930, en español. La segunda, en inglés, la hizo Ralph L. Roys quien la publicó en 1933.

2. El Chilam Balam de Tizimín

Procede de la villa de Tizimín, Yucatán, y fue hallado allí a mediados del siglo XIX. El párroco de este lugar lo donó al Obispo Carrillo y Ancona en 1870, quien originalmente lo llamó Códice Anónimo. Fue copiado por Berendt posiblemente poco después de 1870. De la copia de Berendt se valió Brinton para hacer la primera traducción de una parte del códice. Compañero del Chumayel, siguió la misma suerte que éste, hasta que procedente de los Estados Unidos fue donado por la señorita Laura Temple al Museo Nacional de Arqueología (hoy

Museo Nacional de Antropología), en donde se conserva juntamente con el de Ixil.

La única traducción completa del Chilam Balam de Tizimín es obra de Maud Worcester Makemson, quien con el título de *The Book of the Jaguar Priest* la publicó en 1951.

3. *El Chilam Balam de Káua*

Éste también fue de la colección del Obispo Carrillo y Ancona y formó parte del grupo de manuscritos que fue extraído de la Biblioteca Cepeda de Mérida, poco después de haber sido depositado en ella en 1915. No se conoce su actual paradero. Es tercero en importancia, el más voluminoso sin embargo, con 282 páginas; nunca ha sido totalmente traducido ni publicado. Sólo se le han sacado copias manuscritas o fotográficas y traducido algunas de sus recetas médicas por Roys en 1931.

4. *El Chilam Balam de Ixil*

Pío Pérez, en su miscelánea de extractos de Libros de Chilam Balam conocida ahora como "Códice Pérez", describe este documento y menciona que el lugar de su procedencia es el pueblo de Ixil. No se sabe cómo pasó a manos del Obispo Carrillo y Ancona. Estuvo incluido en el mismo legajo del Libro de Tizimín e identificado por nosotros, se halla ahora separado de éste en la Biblioteca del Museo Nacional de Antropología en la ciudad de México. No ha sido traducido, ni publicado, salvo en pocas copias fotostáticas y manuscritas. Contiene un recetario médico.

5. *El Chilam Balam de Tekax*

Es semejante al de Káua, pero mucho más corto, pues solamente contiene 36 páginas. Es calendárico y médico. Nunca ha sido traducido ni parcialmente. Formó parte de la Colección de William Gates. Ignoramos cuál sea ahora su paradero. Existen de él copias fotográficas en algunas bibliotecas.

14

6. *El Chilam Balam de Nah*

Procede de Teabo, Yucatán. Es también del mismo tipo del Káua, con 64 páginas e igualmente formó parte de la Colección de Gates. El material médico que contiene fue traducido por Ralph L. Roys al inglés y publicado en 1931. Se ignora dónde pára actualmente.

7. *El Chilam Balam de Tusik*

Fue descubierto en la aldea de Tusik, Quintana Roo, México, en 1936. Consiste en un cuaderno de sólo 29 hojas. Contiene algunos textos semejantes a los del Chilam Balam de Chumayel. Uno de éstos ha servido para cotejar la única copia que existía en el Chumayel del Lenguaje de Zuyua que se incluye en este libro. Posiblemente se encuentre aún en Tusik. Ha sido fotografiado, transcrito y traducido parcialmente, pero no publicado.

8. *Códice Pérez*

Por su importancia este Manuscrito debería ocupar uno de los primeros lugares; si se coloca aquí, es porque en sí mismo ni es copia hecha por indígenas mayas, ni lo es de un solo libro, sino un conjunto de fragmentos de varios, principalmente de los Libros de Maní (ahora desaparecidos), Ixil y Káua, recopilado por D. Juan Pío Pérez alrededor del año de 1840. El manuscrito original está en manos de una familia Escalante de Mérida. Ha sido copiado varias veces y una de sus copias se halla en la Biblioteca Nacional de México; otra existe en la Colección Berendt en la Universidad de Pennsylvania, una más en el Middle American Research Institute y otra en la Biblioteca del Instituto Yucateco de Antropología e Historia. El Dr. Ermilo Solís Alcalá la tradujo al español, habiéndose publicado su traducción en 1949. Contiene cerca de 200 páginas. El nombre de Códice Pérez se lo asignó el Obispo Carrillo y Ancona en 1870. Fue compilado entre 1837 y el siguiente año. Juan Pío Pérez lo dividió en dos partes que aquí se citan como Pérez I y Pérez II.

CUADRO SINÓPTICO DE LOS TEXTOS-FUENTES

TEXTOS	LUGARES	
	Pérez I	*Pérez II*
Crónica I	134-137	
Primera Rueda Profética de un Doblez de Katunes		
11 Ahau	pp. 75	pp. 157
9 Ahau	76	158
7 Ahau	76- 77	159
5 Ahau	77- 78	160-161
3 Ahau	78- 79	161-162
1 Ahau	79- 80	162-163
12 Ahau	80- 81	163
10 Ahau	81	164
8 Ahau	81- 82	152
6 Ahau	82- 83	153-154
4 Ahau	83- 84	154
2 Ahau	84- 85	155
13 Ahau	85-‹90› [86]	156
Segunda Rueda Profética de un Doblez de Katunes		
11 Ahau		
9 Ahau		
7 Ahau		
5 Ahau		
3 Ahau		
1 Ahau		
12 Ahau		
10 Ahau		
8 Ahau		
6 Ahau		
4 Ahau		
2 Ahau		
13 Ahau		

DONDE SE ENCUENTRAN

Chumayel	Tizimín	Káua	Tusik	Lizana (1893)
74- 77 (G)	18v-19r			
13 (G) y 73 (G)	13r	143r	(SA)	
	13v	143r/v	(SA)	
	13v-14r	143v	(SA)	
	14r	143v	(SA)	
	14r	141v	(SA)	
	14r/v	141v	(SA)	
	14v	142r	(SA)	
	14v-15r	142r	(SA)	
	15r	142r	(SA)	
	15v	142v	(SA)	
73 (G)	15v	142v	(SA)	
73 (G)	19v	142v	(SA)	
73- 74 (G)		143r	(SA)	
87- 88 (G)	16r			
89 (G)	16r			
90 (G)	16r/v			
91- 92 (G)	16v			
92 (G)	16v			
93- 95 (G)	16v-17r			
96 (G)	17r/v			
97 (G)	17v			
98 (G)	17v			
98 (G)	17v			
99 (G)	17v-18r			
99 (G)	18r			
100 (G)	18r			

CUADRO SINÓPTICO DE LOS TEXTOS-FUENTES
(Conclusión)

DONDE SE ENCUENTRAN

Chumayel	Tizimín	Káua	Tusik	Lizana (1893)
	11v			
45- 47 (G)	12r/v			
42- 43 (G)	11v-12r			
	11r			
64- 67 (G)	7r- 8v			
	10v-11r			
	1r- 7r			
		75v-76v (CMD)		
		77v-78r (CMD)		
		81r/v (CMD)		
104 (G)				37r
104-105 (G)				37r
105 (G)	10r			37v
105 (G)	10r			37v-38r
105-107 (G)	10r/v			38r/v
28- 33 (G)			16r-19v (BV)	
34- 42 (G)			19v-27r (BV)	
	10v-11r			
	12v-13r			

La lista de los textos incluidos en la presente obra y su procedencia pueden verse en el Cuadro Sinóptico respectivo.

Algunos de los textos que aquí se incluyen han sido publicados antes por otros autores, pero solamente en una de sus versiones, de modo que, si se les coteja, nuestra traducción nunca será idéntica a la de aquéllos, ya que se ha hecho sobre la reconstrucción de los textos, colacionando cada versión conocida.

LA CRÓNICA MATICHU

En los Libros de Chilam Balam *1)* de Maní (Pérez I) a páginas 134-137; *2)* de Tizimín a folios 18v-19r, y *3)* de Chumayel a páginas 74-77 de la edición Gordon, aparecen tres versiones de un mismo texto que se habían venido tomando como tres crónicas distintas, aunque de contenido semejante. Un cuidadoso cotejo de las tres versiones vino a demostrar que realmente se trata de una sola crónica que puede dividirse en cuatro partes, que por primera vez se editan por separado.

La que aquí llamamos Parte I es una historia de las emigraciones de los Xiues, desde su salida de Nonoual en un Katun 3 Ahau (10.2.0.0.0: 849-869) hasta su establecimiento en Chacnabitón, que duró hasta el fin de un Katun 5 Ahau (10.14.0.0.0: 1086-1106). La Parte II es una historia itzá que abarca desde el "descubrimiento" de la provincia de Siyan Can Bakhalal en un Katun 8 Ahau (9.0.0.0.0: 415-435) hasta el retorno de este grupo a Chichen Itzá en un 4 Ahau (10.8.0.0.0: 968-987). Dentro de este lapso se incluyen los acontecimientos del "descubrimiento" de Chichen Itzá en un Katun 6 Ahau, el siguiente al del "descubrimiento" de Bakhalal; la ocupación de Chichen Itzá en el Katun 13 Ahau (9.4.0.0.0.: 495-514), el mismo en que se "ordenaron las esteras"; el primer abandono de Chichen, acaecido en el Katun 8 Ahau, el decimotercero después del Katun 8 Ahau, inicial de esta Parte (9.13.0.0.0: 672-692); el arribo a Chakanputún, sea en el Katun 6 Ahau siguiente o en el Katun 4 Ahau que sigue inmediatamente (9.15.0.0.0: 711-731). El abandono de Chakanputún ocurre en el Katun 8 Ahau, el decimotercero después del primer abandono de Chichen Itzá (10.6.0.0.0.: 928-948), y duran los emigrantes en su penosa peregrinación para "establecer sus hogares de nuevo" en Chichen Itzá, 2 katunes: el 6 Ahau y el 4 Ahau (10.7.0.0.0 y 10.8.0.0.0.: 948-987). La Parte III es la historia de la época llamada

21

del "Nuevo Imperio" y abarca un periodo a partir del Katun 2 Ahau (10.9.0.0.0: 987-1007), en que Ah Mekat Tutul Xiu se establece en Uxmal, hasta llegar al Katun 2 Ahau (11.15.0.0.0: 1500-1520), en que se realiza el descubrimiento de Yucatán por los europeos. Dentro de este periodo queda la alianza llamada "Liga de Mayapán", que duró diez katunes: del mencionado 2 Ahau (10.9.0.0.0: 987-1007) hasta el 10 Ahau inclusive (10.18-0.0.0: 1165-1185); el segundo abandono de Chichen Itzá por los itzaes a causa del complot de Hunac Ceel de Mayapán contra Chac Xib Chac, jefe de Chichen, el cual aconteció en el Katun 8 Ahau (10.19.0.0.0: 1185-1204), precisamente en el décimo año Tun (10.18.10.0.0: 1194), con la ayuda de mercenarios chichimecas, capitaneados por siete jefes cuyos nombres se dan; el ataque al Señor Ulmil de un lugar no mencionado a causa de sus "banquetes" con el Señor Ulil de Izamal, acontecimiento que ocurrió durante el mismo Katun 8 Ahau en que fue atacado Chichen Itzá; la represalia de los itzaes, de Ulmil y de los izamalenses contra Mayapán, lo cual ocurrió en el Katun 4 Ahau (11.1.0.0.0: 1224-1244), treinta años después de su derrota (aunque el texto dice que treinta y cuatro) "por causa del gobierno múltiple en el interior" (lo cual parece indicar que la llamada "hegemonía de Mayapán" comenzó a raíz del triunfo de Hunac Ceel), y la destrucción total de Mayapán en el Katun 8 Ahau (11.12.0.0.0.: 1441-1461) por la misma causa anterior. Se callan aquí los acontecimientos ocurridos durante el transcurso de los Katunes 6 Ahau (11.13.0.0.0: 1461-1480) y 4 Ahau (11.14.0.0.0: 1480-1500), que corresponden a la época en que se establecieron los pequeños reinos o cacicazgos que hallaron los españoles al ocupar la península. La Parte IV y última está dividida en dos series: una que es una enumeración corrida de los Katunes 13 Ahau a 8 Ahau (11.16.0.0.0: 1520-1539 a 12.5.0.0.0: 1697-1717), es decir, que cierran el ciclo de Trece Katunes, pero sin mencionar otros acontecimientos, y otra serie repetida, aunque incompleta, que comienza con el Katun 6 Ahau, el siguiente después de la destrucción de Mayapán, ya mencionado (11.13.0.0.0: 1461-1480) y termina con el 3 Ahau

(12.1.0.0.0: 1618-1638), registrando la peste sufrida durante el Katun 4 Ahau (11.14.0.0.0.: 1480-1500), en que "los zopilotes entraron a las casas", y la viruela grande que apareció en el Katun 2 Ahau (11.15.0.0.0: 1500-1520), el mismo de la aparición de los europeos, lo que significa que fueron los introductores. En el Katun 13 Ahau (11.16.0.0.0: 1520-1539) se fija la fecha de la muerte del ofrendador del agua, Ah Pulá. El Katun 11 Ahau (11.17.0.0.0: 1539-1559) se señala como el de la llegada de los españoles, pero que naturalmente se refiere a su definitivo establecimiento, pues su primera aparición fue en el Katun 2 Ahau (11.15.0.0.0: 1500-1520). En los siguientes se enumeran diversos hechos históricos de la colonia, siendo el último el del censo levantado por Diego Pareja en el año 1610, durante el Katun 5 Ahau (12.0.0.0.0: 1599-1618). El último katun registrado, el 3 Ahau (12.1.0.0.0: 1618-1638), no tiene asignado acontecimiento alguno.

La Parte I aparece completa en la versión del Maní, incompleta en la del Tizimín y falta enteramente en la del Chumayel. El hecho de que tanto en la versión del Maní como en la del Tizimín aparezca en posición inicial de la Crónica ha dado lugar a confusiones en las exégesis que anteriormente se habían hecho de ella. Algunos autores (cf. Tozzer, 1941) habían interpretado correctamente la cronología, por deducciones, pero no se habían dado cuenta de que se trata de un relato fuera de lugar.

La Crónica Matichu ofrece en términos generales una cronología aceptable que se compadece con los datos aportados por otras fuentes, tales como la Relación de Landa. Landa, por su parte, habla de algunos hechos que no se consignan de modo directo en estas crónicas, sino indirecto o con una concisión extrema. Algunos hechos se callan completamente en ellas. De todos modos, el valor aceptable de la Crónica Matichu en su aspecto cronológico radica en que reside el cotejo de otras fuentes tenidas por veraces. Algunos de sus datos, naturalmente, sólo pueden cotejarse con los datos de la arqueología. Y aun en este terreno resiste muy bien

23

la prueba, con poquísimas excepciones en las que puede haber duda.

Landa se refiere claramente a la ocupación de Chichen Itzá por un Quetzalcóatl-Kukulcán, asentando que "entró por la parte Poniente, y que difieren en si entró antes o después de los itzaes o con ellos". Menciona también que "partido Cuculcán, acordaron los señores, para que la república durase, que tuviese el principal mando la casa de los Cocomes, por ser más antigua o más rica, o por ser el que la regía entonces hombre de más valor" y especifica que la capital sería Mayapán. Por otra parte, más adelante se refiere al despotismo ejercido por los Cocomes y a su constante importación de mercenarios mexicanos e Xicalanco, lo cual dio origen a una revolución que terminó con la destrucción de Mayapán, revolución que capitanearon los Xiues. La Crónica Matichu no habla de Quetzalcóatl-Kukulcán ni de los Cocomes. Da el nombre de los siete capitanes que atacaron a Chac Xib Chac de Chichen Itzá en 1194 y estos nombres son nahuas; al señor de Mayapán que hizo la guerra a Chichen Itzá con estos capitanes no se le llama Cocom sino Hunac Ceel, que en otras fuentes aparece como Hunac Ceel Cauich. Ahora bien, es evidente que Chichen Itzá, Mayapán, Tulum, Ichpatún y otras ciudades menos importantes muestran una clara influencia de la cultura tulense llamada tolteca, o dentro de la arqueología maya, "mexicana". Esta influencia no pudo tener otro origen que la invasión de elementos humanos provenientes de la meseta central, es decir, que lo sustentado por Landa de la venida de un Quetzalcóatl a Yucatán y de la contratación de mercenarios mexicanos por los Cocomes de Mayapán son hechos que tienen prueba de veracidad en la arqueología directamente y en la Crónica, por cuanto a los mercenarios, también directamente.

Así pues, en la Crónica se mencionan dos grupos emigrantes de un modo directo; los Itzaes y los Xiues. No se habla de la emigración de los Cocomes, ni de Quetzalcóatl-Kukulcán. Es de suponerse que los Cocomes eran gente de Quetzalcóatl-Kukulcán.

24

El grupo más importante, según las crónicas, era el Itzá, el cual ya no estaba presente en el norte de Yucatán cuando se realizó la conquista de los europeos, sino que habitaba en la Laguna de Petén en Guatemala desde hacía varios siglos. Allí fue conquistado en 1697. La región norte estaba señoreada por varios jefes, divididos en parcialidades, y entre éstos se hallaban como enemigos incorregibles los Xiues y los Cocomes, fuera de sus antiguos asientos.

Según se desprende de lo que la Crónica Matichu registra, la historia del norte de Yucatán se puede sintetizar así: En el ciclo 9.0.0.0.0. de la cronología maya, Katun 8 Ahau de la Cuenta Corta, corrido del año 415 al 435 de la era cristiana, un grupo de hombres llamados Itzaes, portadores de la cultura maya —definida ésta, según Morley, como aquella que incluye la escritura jeroglífica llamada maya, el sistema cronológico igualmente llamado maya, la arquitectura pétrea con la bóveda de arco mensulado y la cerámica llamada tzakol—, llegó, procedente del Sur —seguramente de la región conocida hoy como El Petén, Guatemala— a la laguna de Bakhalal —hoy Bacalar—, en el actual territorio de Quintana Roo, "descubriéndola". Desde allí, el mencionado grupo "descubrió" también el lugar que vino a llamarse Chichen Itzá, donde se estableció durante diez katunes, durando su paso de Bakhalal a Chichen Itzá otros tres katunes. En el siguiente Katun 8 Ahau (9.15.0.0.0: 672-692), sin que se asiente la causa, Chichen Itzá es abandonado, yendo las Itzaes a Chakanputún, lugar que alcanzan, según una versión de la Crónica Matichu, en el Katun 6 Ahau (9.14.0.0.0: 692-711) y según otra en el siguiente, 4 Ahau (9.15.0.0.0: 711-731). Allí permanecen, sin mención en la Crónica de algún acontecimiento ocurrido en el lapso, hasta el siguiente Katun 8 Ahau (10.6.0.0.0: 928-948), que es cuando a su vez Chakanputún es abandonado, regresando los Itzaes a Chichen Itzá; duró su peregrinación cuarenta tunes, por lo que Chichen Itzá es reocupado el Katun 4 Ahau (10.8.0.0.0: 968-987).

Hasta el momento de la reocupación de Chichen Itzá

25

por los Itzaes, parece que en el norte de Yucatán no había otra cultura superpuesta a la milpera (que aún subsiste hasta ahora) que la llamada técnicamente "maya". Pero a partir de entonces la influencia tolteca-chichimeca se hace presente. Entra en Yucatán Quetzalcóatl-Kukulcán. Landa dice que no se sabía si entró a Chichen Itzá antes que los Itzaes, con ellos o después de ellos. La Crónica que aquí se publica no menciona ni una sola vez esta migración, según ya dijimos antes.

Algunos estudiosos han creído que los Itzaes mismos eran "mexicanos". Véase a este respecto Tozzer (1941, p. 20, *n.* 123; p. 32, *n.* 172). Este autor hace notar que las versiones de la Crónica Matichu claramente asientan que cuando los Itzaes abandonan Chakanputún van en busca de sus hogares *de nuevo,* lo cual significa que antes habían estado en Chichen Itzá. Menciona otras fuentes tales como Sánchez de Aguilar, Francisco Hernández, las *Relaciones de Yucatán,* etc., en las que se menciona la penetración de Quetzalcóatl-Kukulcán entre seiscientos y ochocientos años atrás del siglo XVI. Seiscientos años se acercan más a la fecha, señalada en la Crónica, del retorno de los Itzaes a Chichen Itzá; ochocientos le parecen fecha muy temprana para la penetración "mexicana". Acaba Tozzer por ofrecer dos soluciones: o los Itzaes eran mayas de habla chontal procedentes de Chakanputún, o "mexicanos" que se mayanizaron. Estas soluciones dejan a un lado el hecho de que los Itzaes estuvieron en Chichen Itzá en fecha anterior al siglo X y, según nosotros creemos, por la evidencia de la Crónica Matichu, desde el siglo V. Naturalmente que el origen étnico puede ser cualquiera, pero lo importante es la cultura que el grupo trajo con su advenimiento en el norte de la península. Es evidente que culturalmente, antes del siglo X, no existía allí influencia tolteca-chichimeca, en la forma en que es palpable en la arqueología de la región. Ahora bien, es indudable que la influencia cultural de los altos de México se efectuó al mismo tiempo que los Itzaes regresaron a Chichen Itzá y que si la Crónica calla la entrada de Quetzalcóatl-Kukulcán, otras fuentes la mencionan y fijan más o menos la misma época para esa entrada. Durante la estancia de los Itzaes en Chakanputún, es posible: *1)* que hubiesen cambiado su dialecto del norte de Yucatán por otro del Sur (Chontal); *2)* que hubiesen recibido influencias culturales de los altos de México por contacto con los nonoualcas colindantes; *3)* que se hubiesen aliado a Quetzalcóatl-Kukulcán, para convivir en Chichen Itzá.

En la misma época en que los Itzaes regresan por segunda vez a Chichen Itzá según nuestra Crónica, aparece en la península el grupo Xiu. Procedió de Nonoual, el clásico Nonoualco, que vagamente se sitúa al sur de México, desde Oaxaca hasta Tabasco, en los linderos mayas. Agrega la Crónica que "la tierra de donde vinieron es Tulapan Chiconautlan", claramente la región de Tula de Hidalgo, de donde partieron en el mismo Katun 8 Ahau en que los Itzaes abandonaron Chakanputún. Los Xiues llegan a Chacnabitón, una región no claramente identificada de la península —Morley cree que estaba situada al sur de Chakanputún—, en el primer tun del Katun 13 Ahau (10.10.0.0.0: 1007-1027), es decir, en 1008, después de una peregrinación que duró 81 años tunes. Esto reza la Parte I de la Crónica, dando el nombre del caudillo Chan Tepeu. La Parte II, sin embargo, pone a otro caudillo: Ah Suytok Tutul Xiu, estableciéndose en Uxmal en el Katun 2 Ahau (987-1007), inmediatamente anterior al 13 Ahau. El grupo de Chan Tepeu duró en Chacnabitón hasta el Katun 5 Ahau (10.14.0.0.0: 1086-1106), pero no dice el documento adónde se dirigió después.

A partir del establecimiento de Tutul Xiu en Uxmal, la Crónica dice que éste reinó en compañía de los gobernadores de Chichen Itzá y Mayapán, por espacio de diez katunes, es decir, desde el Katun 2 Ahau mencionado hasta el Katun 10 Ahau (10.18.0.0.0: 1165-1185). Éste es el periodo de lo que se ha llamado "Confederación o Liga de Mayapán". Ahora bien, ya hemos mencionado antes cómo se estableció la dinastía Cocom en Mayapán. La influencia tolteca-chichimeca no se encuentra únicamente en Chichen Itzá y en Mayapán, como también hemos indicado antes, sino en varios otros lugares, especialmente en la costa caribe, hasta el Sur. A este respecto, algunas fuentes coloniales dan alguna referencia, como por ejemplo un documento de Valladolid, citado por Brinton (1882, p. 118), que dice que vinieron de México a Yucatán a fundar pueblos; que algunos se establecieron en Chichen Itzá, un grupo fue a establecerse a Bacalar (Bakhalal) y otro a Cozumel. Agrega el documento que uno de los jefes de nombre Tanupolchicbul fue pariente de Moctezuma (citado por Tozzer, 1941, p. 21, n. 123). Landa, como hemos dicho, da el dato concreto de que Mayapán fue cultural y políticamente obra de Quetzalcóatl-Kukulcán, habiendo éste vivido en la ciudad, de donde partió a Champotón cuando regresó a los altos de México. La alianza o liga, como se la ha llamado, pues no sólo sería entre Mayapán, Uxmal y Chichen Itzá, sino entre otras varias ciudades-estados. Unas Itzaes, como Itzmal, y otras de Quetzalcóatl-Kukulcán, como Tulum, Ichpatún, etc. Tres grupos culturales aparecen en juego: 1) el Itzá, que aunque aliado con Quetzalcóatl-Kukulcán y con alguna influencia de los altos, seguramente conservó las líneas fundamentales de su cultura especialmente en el aspecto religioso, a pesar de su convivencia con Quetzalcóatl-Kukulcán en Chichen Itzá; 2) el Xiu, que siendo nonoualca proveniente de Tulapan Chiconautlan, parece que participó poco de la cultura tolteca-chichimeca, por lo menos en cuanto a las artes materiales se refiere, pues no aportó en Uxmal, ni en todo el Puuc, sino algunos elementos que aparecen aplicados —no estructuralmente combinados— en la arquitectura, que es a todas luces típicamente maya, aunque con fisonomía particular en algunos rasgos: 3) en cambio, Chichen Itzá, Mayapán, Tulum, Ichpatún, etc., muestran hibridez clara de elementos de los altos.

La llamada Liga de Mayapán duró hasta el Katun 8 Ahau (10.1.0.0.0: 1118-1204) en que aconteció el episodio de Hunac Ceel, el jefe Cocom de Mayapán a la sazón. Según Landa, los Xiues no participaron en esta lucha, pero simpatizaron con los Itzaes. Vino la venganza de los

28

Itzaes, de la cual hemos hablado ya. Nuevamente los Co. comes, con el auxilio de gente de Xicalanco, establecieron una hegemonía, haciendo que los gobernantes de las otras parcialidades viviesen dentro de las murallas de Mayapán, desde donde ejercían su gobierno por medio de diputados. Por último, los de fuera de la muralla arrasaron a Mayapán en el Katun 8 Ahau (11.12.0.0.0: 1441-1461), auxiliados por los Xiues, quedando después dividida la península en las parcialidades que hallaron los españoles. Los Itzaes refugiados en El Petén fueron conquistados por éstos 137 días antes del retorno del Katun 8 Ahau (12.5.1.0.0: 1697-1717), es decir, el día 13 de marzo de 1697.

Choca esta rítmica sucesión de hechos históricos calamitosos para los Itzaes y aun para los otros grupos. Morley (1947, pp. 486-90) trata este fenómeno llamándolo "los *idus* de marzo de los mayas".

La respuesta a la pregunta de quiénes fueron los Itzaes parece que la da la Crónica Matichu. Vinieron del Sur, del Viejo Imperio, en el ciclo 9.0.0.0.0: ¿Eran, pues, "mayas" del Viejo Imperio? Por lo menos, su nombre revela un origen maya. Su análisis filológico es el siguiente:

Itzá es un compuesto de dos elementos: *its + a'*. El primero, *its*, lo tomamos por *brujo* o *mago* y *a'* por agua. El nombre Itzá, pues, se traduce por Brujo-del-agua.

El nombre completo no parece corresponder al dialecto del norte de Yucatán, donde *its* tiene un significado de: "leche, lágrima, sudor, resina o goma por cuaxar de árboles y de matas y de algunas yervas... lo que corre de la candela... herrumbre que tiene el cuchillo y el hierro", según el Diccionario de Motul, de donde se ha sacado la interpretación clásica de las palabras de Itzamná: *Itzen caan, Itzen muyal*, "que era dezir: Yo soy el rozio, o sustancia del Cielo y nubes" (según Lizana, 1893, p. 4). En la misma página, Lizana da una de las variantes del nombre de Itzamná y su supuesto significado: "*Itzamatul*, que quiere dezir el que recibe y posee la gracia, o rocío, o sustancia del Cielo". Según la definición del Motul, *its* en yucateco no es gracia, ni sustancia, ni rocío, aunque de modo marginal

29

puede extenderse el significado, ya que se refiere a algo que brota o surge por gotas o pequeñas partículas, líquido o no. De todos modos la definición que da Lizana está relacionada con agua, con el agua de las nubes. El *its* yucateco es homónimo del *its* de *itsá* y de sus derivados.

El morfema *its* de Itzá, forma parte de una familia de variantes existentes en las lenguas mayances, inclusive el maya yucateco como veremos. Aparece sin o con modificación en cakchiquel: "*its*... hechicería, brujería, encantamiento. *Ajits*, hechicero". En el maya yucateco aparece en la variante *its'* y únicamente en el compuesto *its'at* (iɔat o idzat), que significa: "astuto, cauteloso, mañoso, ábil, artista, industrioso, ingenioso, para bien v para mal, y sabio assi", según el Diccionario de Motul. En ese dialecto la variante *its'* tiene varios homónimos.

Otra de las variantes de *its* es *is* (*ix* o *ish*), que en la cronología antigua de Yucatán es el nombre de uno de los días de la veintena, el que corresponde exactamente a *océlotl* de la veintena nahua. Tampoco esta forma *is* aparece en el dialecto yucateco con el significado de jaguar, que es el de *océlotl* en nahua. Pero la tenemos en quekchí precisamente con el doble significado de pluma y de jaguar (según Stoll, 1938). Otras variantes son: *ih* en pokomchi, que según Zúñiga vale por: "...espaldas... Dízese también en orden, a toda la circunferencia del cuerpo... Dízese también por la piel, el pellejo, el despojo assi del hombre como del animal... Dízese también por las plumas del ave. Dízese por el enbez de algo lo contrario de la haz... dízese por la lana de la oveja y de aquí llaman *rih chicop* al escapopul de lana que usan por capa y a las frezadas... Dízese por el pelo del animal... Dízese también por la corteza del árbol... y por la corteza y cáscara de huevo y de cualquier cosa... Dízese también por los pálpados de los ojos... Dízese también por los lavios de la boca..."; *ism* (*izm*) en el cakchiquel, que tiene significación semejante según Varela: "...cabello o pelo de cualquier cosa, o de lana, o de algodón... o las plumas de las aves..."

30

Ahora bien, ¿qué tiene que ver piel, pelo, pluma, corteza, etc., con jaguar y brujo, mago o sabio? Varela trae un ejemplo en el cual equipara *balam* e *itz* para significar hechicero: "Balam Ah *ytz* lae atit", esto es: "aquella vieja es hechicera". Balam es otro nombre del jaguar y también denota brujería, y es porque se refiere a lo oculto, a lo envuelto. *Bal* en el maya yucateco, según el Motul, significa "esconder y abrigar y encubrir debajo de algo o detrás de algo". Los dos morfemas *its* y *bal* se relacionan: mientras que *its* es la cosa que cubre y envuelve, *bal* se refiere a la acción de envolver y ocultar. *Balam* es un nombre compuesto de *bal + am*. Este último elemento denota *actor*, de modo que *balam* quiere decir "el que se esconde, se oculta", en otros términos "el misterioso". Balam en cackchiquel es sinónimo de *its*, significado de hechicero, además de ser el nombre del jaguar. La expresión *balam ah itz* es pleonástica. Esta relación entre jaguar y pluma o "cosa que envuelve" está aprovechada precisamente en el jeroglífico de *ix* (*hix*) (véase Barrera Vásquez, 1941, pp. 81-85).

Lo que Itzamná o Itzamatul, como Lizana lo llama, quiso decir fue seguramente: "soy el mago, brujo o hechicero de los cielos, el mago. brujo o hechicero de las nubes", es decir, el que hace llover, deidad del agua.

El elemento -*a'* en *itsa'* significa agua y esta forma sí es común en Yucatán. Aparece en los toponímicos con harta frecuencia: Ch'och'ola'; "agua salada"; Panaba'; "agua que cava"; Sotuta': "agua que gira", etc.

El hecho de que Chichen Itzá haya sido capital Itzá por excelencia y que ésta se distinga precisamente por su culto al agua y en ella exista el más famoso cenote, donde se ejercía el rito del sacrificio a las deidades acuáticas; y de que, además, Itzamná o Itzamatul se dijera asimismo mago o brujo del cielo, mago o brujo de las nubes, viene a corroborar la interpretación del nombre *itsa'* o Itzá como Brujo del Agua.

Al pasar los Itzaes por Bakhalal o Bacalar. tuvieron la laguna para sus ritos y si estuvieron en Tulum, tuvieron allá cenotes. En las cercanías de Champotón no

existen cenotes, pero hay un río, y tierra adentro **existe**
aún el culto al agua. En el Petén, su último refugio fue
la laguna.

LAS FECHAS REGISTRADAS EN LA CRÓNICA MATICHU

Las fechas registradas en la traducción de la Crónica
Matichu, corresponden a tres sistemas:

1) El llamado de la "cuenta corta" que se usó en el
norte de la Península de Yucatán posiblemente desde
principios del siglo x de nuestra Era. Se llama cuenta
corta, porque sus fechas se repiten cada 260 años tunes
(de 360 días) y se caracteriza porque numera y nombra
los katunes (periodos de 20 años tunes) mediante una
fórmula de un número seguido del nombre del día en
que termina el periodo que es siempre el día Ahau. Los
números siguen invariablemente el siguiente orden: 8,
6, 4, 2, 13, 11, 9, 7, 5, 3, 1, 12, 10, un ciclo de trece, que
hace el total de 260, para volver a empezar repitiéndose
las mismas fechas. Como no se lleva la cuenta de cada
ciclo a partir de una era, las fechas resultan equívocas
a medida que pasan los ciclos. Equivale a nuestra data
abreviada, digamos: 2-X-62, en donde 2 corresponde al
número de orden del día en el mes; X al número de
orden del mes (octubre) y 62 al número de orden del
año, pero únicamente dentro de las decenas. Después
de varios siglos no se sabrá a qué centena corresponde
y mucho menos a qué millar. El sistema de la "cuenta
corta" es el único que aparece en los documentos mayas
poscortesianos.

2) El llamado sistema de la "cuenta larga" que se
pone entre paréntesis equiparada a fechas cristianas.
Está indicada con una fórmula de números separados
por puntos, que corresponden a periodos diversos. El
primero señala el número de baktunes (periodos de
20 katunes) transcurridos desde la fecha era; el segundo representa el número de katunes; el tercero dice el
número de años tunes; el cuarto el número de uinales
(periodos de 20 días) y el último el número de días
que no alcanzan a ser un uinal. Como las fechas no

se repiten en este sistema sino después de un lapso de 374 440 nunca pueden ser equívocas dentro de lo que duró la historia del pueblo maya.

3) El sistema cristiano, incluido entre los paréntesis, señala el año cristiano en que comienza y en el que termina el katun a que se refiere. Tanto la fecha de la "cuenta larga" como la cristiana vienen a ser el cotejo correlacionado de la "cuenta corta" y se basa en la correlación Goodman-Martínez Hernández-Thompson que pone la conquista española (1539) en la fecha 11.16.0.0.0 de la "cuenta larga".

CRÓNICA MATICHU *
PARTE I

Éste es el orden de los katunes desde cuando salieron de su tierra, de su hogar de Nonoual:

Cuatro katunes estuvieron los Tutul Xiu [10.2.0.0.0-10.5.0.0.0: 3 Ahau-10 Ahau: 849-928] al poniente de Zuyua.

* La que aquí se llama Crónica Matichu es la traducción de la reconstrucción de tres versiones de un mismo documento que se encuentran en los Libros de Chilam Balam de Maní, Tizimín y Chumayel, como ya se dijo. Don Juan Pío Pérez fue el descubridor, el primer traductor y también el primer divulgador en el mundo, de la versión del Maní, al entregársela a John L. Stephens en 1842, traducida y comentada. Éste, Stephens (1843), publicó en inglés dicha versión por primera vez. Su publicación no fue completa. Por su parte Stephens tampoco incluyó todo el estudio de Pérez, publicándolo por primera vez completo Carrillo y Ancona (1878-82 y 1883). Este autor incluyó la traducción española de la versión del Maní hecha por Pérez, sin el texto maya. En 1868, Berendt copió en Mérida el trabajo de Pérez, y esta copia fue publicada por Valentini (1880), incluyendo el texto maya, pero no todo el estudio de Pérez, y agregando comentarios suyos. Una nueva edición fue la de Thomas (1882). Brasseur de Bourbourg (1864) reproduce el texto maya con traducción suya al francés. La edición de Brasseur es reproducida por Charencey (1874). La mejor edición inglesa, incluyendo comentarios muy atinados, es la de Brinton (1882), que ha sido la más citada desde entonces. Palma y Palma (1901) incluye el texto español de Pérez. La traducción y estudio de Pérez en español fueron superados por Martínez Hernández (1909, 1926, 1927 y 1940). Médiz Bolio (1930), usando el texto maya de la edición de Stephens, tradujo e interpretó de nuevo algunos pasajes. Escalona Ramos (1935) publica una "interpretación a las traducciones del Obispo Carrillo y Ancona [sic], Martínez Hernández y Médiz Bolio" y Jakeman (1945, pp. 62-68) reproduce el texto maya de la edición de Brinton y la traducción de éste mismo, con algunas modificaciones. Innumerables autores han citado y

La tierra de donde vinieron [es] Tulapan Chiconautlan.

Cuatro katunes caminaron hasta que llegaron aquí, en compañía del caudillo (Holón) Chan Tepeu [1] y sus acompañantes.

Cuando salieron de la región (Petén) era el 8 Ahau [10.6.0.0.0: 928-948], 6 Ahau [10.7.0.0.0: 948-968], 4 Ahau [10.8.0.0.0: 968-987], 2 Ahau [10.9.0.0.0: 987-1007].

Cuatro veintenas más un año [81], porque era el primer tun [2] del 13 Ahau cuando llegaron [10.10.0.0.0: 1007-1027; primer tun, 1008] aquí a esta región (Petén); cuatro veintenas de años y un año en total caminaron desde que salieron de sus tierras y vinieron aquí a la región (Petén) de Chacnabitón, los

utilizado esta famosa versión. Tozzer (1921, pp. 184-186) hace una excelente revista de sus traductores, editores y comentadores hasta 1909. De entonces acá el número ha crecido. La última traducción española es la de Solís Alcalá (1949). Pío Pérez tituló su trabajo "Traducción y juicio crítico de un manuscrito en lengua maya que trata de las principales épocas de la historia de esta península antes de su conquista". Y a la versión misma la tituló: "Principales épocas de la historia antigua de Yucatán". Stephens tradujo: "Principal Epochs of the Ancient History of Yucatan". Brinton la llamó: "The Series of the Katuns". Martínez Hernández: "Crónica del Maní". Médiz Bolio: "Serie de los Katunes del Ms. de Maní, llamada Épocas Mayas". Tozzer (1921) le aplica el confundible nombre de "Pérez Codex" agregándole entre paréntesis la primera frase maya con que comienza: "Lai u tzolan katun". "Pérez Codex" es la traducción al inglés de "Códice Pérez", nombre que Carrillo y Ancona dio a la colección completa de copias que Pío Pérez sacó de varios Libros de Chilam Balam, siendo el principal el de Maní. Por esta causa justamente se le suele llamar "Crónica de Maní". El mismo nombre de Códice Pérez para todo el conjunto de copias de D. Juan Pío, es confundible con el que da a un códice jeroglífico maya que se encuentra en París: el "Codex Peresianus" (ver Introducción).

La versión que procede del Chilam Balam de Tizimín la

36

años años son éstos: 81 años [928-1008]. 13 Ahau [10.10.0.0.0: 1007-1027], 8 Ahau [10.6.0.0.0: 928-948], 6 Ahau [10.7.0.0.0: 948-968], 4 Ahau [10.8.0.0.0: 968-987], 2 Ahau [10.9.0.0.0: 987-1007], fue cuando llegó a Chacnabitón Ah Mekat Tutul Xiu [y los suyos].

Un año faltando para las cinco veintenas estuvieron a Chacnabitón; éstos son los años: 99 [hasta el último día del 5 Ahau, 10.14.0.0.0: 1086-1106].

PARTE II

8 Ahau [9.0.0.0.0: 415-435], fue cuando se descubrió la provincia de Siyan Can Bakhalal.[8]

6 Ahau [9.1.0.0.0: 435-455], fue que se descubrió Chichen Itzá.

4 Ahau [9.2.0.0.0: 455-475], 2 Ahau [9.3.0.0.0: 475-495].

editan, traducen y comentan por primera vez Brinton (1882) en inglés y Martínez Hernández (1927 y 1940) en español. El primero le dio el título de "The Series of the Katuns" y el segundo "La Crónica del Tizimín". La última traducción es la de Makemson (1951, pp. 68-70).

Menos conocida que la versión del Maní pero más que la del Tizimín, es la del Chumayel. Brinton (1882) fue el primero en editarla, traducirla y comentarla, con el nombre de "The Record of the Count of the Katuns". Martínez Hernández (1927 y 1940) y Médiz Bolio (1930, pp. 88-91) son sus traductores en español; Roys (1933, pp. 135-138) es el más reciente traductor y comentador en inglés. Martínez Hernández la llama: "La Primera Crónica del Chumayel"; Médiz Bolio: "Libro de la Serie de los Katunes", y Roys: "The First Chronicle". Es, en efecto, la primera de las tres que trae el Chilam Balam de Chumayel.

La versión del Maní que sirvió para este trabajo fue tomada de fotografías directas del original del Códice Pérez que se guarda en Mérida, Yuc.; la versión del Tizimín proviene de una reproducción fotostática del original que se encuentra en el Museo Nacional de Antropología de la ciudad de México, y la versión del Chumayel se tomó de la edición facsimilar de Gordon (1913).

13 Ahau [9.4.0.0.0: 495-514], se ordenaron las esteras [4] y se ocupó Chichen.

Tres veintenas de años reinaron en Siyan Can y bajaron aquí [¿en Chichen Itzá?].

En los mismos años que reinaron en Bakhalal, la laguna, fue que se descubrió Chichen Itzá; [5] 60 años [6 Ahau, 2 Ahau: 435-495].

11 Ahau [9.5.0.0.0: 514-534], 9 Ahau [9.6.0.0.0: 534-554], 7 Ahau [9.7.0.0.0: 554-573], 5 Ahau [9.8.0.0.0: 573-593], 3 Ahau [9.9.0.0.0: 593-613], 1 Ahau [9.10.0.0.0: 613-633], 12 Ahau [9.11.0.0.0: 633-652], 10 Ahau [9.12.0.0.0: 652-672], 8 Ahau [9.13.0.0.0: 672-692].

Diez veintenas de años reinaron en Chichen Itzá y fue abandonada.

Transcurrieron trece dobleces de katun [desde el descubrimiento de Bakhalal].

Y fueron a establecerse a Chakanputún.[6]

Allí tuvieron su hogar los Itzaes, hombres religiosos.

Éstos son los años: 200.

En el Katun 6 Ahau [9.14.0.0.0: 692-711] fue alcanzada la tierra de Chakanputún.

4 Ahau [9.15.0.0.0: 711-731], fue alcanzada la tierra, por ellos, de Chakanputún.

2 Ahau [9.16.0.0.0: 731-751], 13 Ahau [9.17.0.0.0: 751-771], 11 Ahau [9.18.0.0.0: 771-790], 9 Ahau [9.19.0.0.0: 790-810], 7 Ahau [10.0.0.0.0: 810-830], 5 Ahau [10.1.0.0.0: 830-849], 3 Ahau [10.2.0.0.0: 849-869], 1 Ahau [10.3.0.0.0: 869-889], 12 Ahau [10.4.0.0.0: 889-909], 10 Ahau [10.5.0.0.0: 909-928], 8 Ahau [10.6.0.0.0: 928-948], fue abandonada Chakanputún.

Trece veintenas de años reinaron en Chakanputún los hombres Itzá y vinieron en busca de sus hogares, de nuevo.[7]

Trece dobleces de katun residieron en Chakanputún, sus hogares, y perdieron el camino de Chakanputún.

Éste es el katun cuando fueron los Itzaes bajo los árboles, bajo la maleza, bajo los bejucos sufriendo.

Éstos son los años corridos: 260 [692-948].

6 Ahau [10.7.0.0.0: 948-968], 4 Ahau [10.8.0.0.0: 968-987]; dos veintenas de años [anduvieron errantes] y vinieron a establecer sus hogares, de nuevo,[8] después de que perdieron Chakanputún.

Éstos son los años: 40 [948-987].

PARTE III

En el Katun 2 Ahau [10.9.0.0.0: 987-1007] se estableció Ah Suytok Tutul Xiu en Uxmal.

2 Ahau [10.9.0.0.0: 987-1007], 13 Ahau [10.10.0.0.0: 1007-1027], 11 Ahau [10.11.0.0.0: 1027-1047], 9 Ahau [10.12.0.0.0: 1047-1066], 7 Ahau [10.13.0.0.0: 1066-1086], 5 Ahau [10.14.0.0.0: 1086-1106], 3 Ahau [10.15.0.0.0: 1106-1125], 1 Ahau [10.16.0.0.0: 1125-1145], 12 Ahau [10.17.0.0.0: 1145-1165], 10 Ahau [10.18.0.0.0: 1165-1185].

Desde que se estableció Ah Suytok Tutul Xiu [y los suyos] en Uxmal, diez veintenas de años reinaron (diez veintenas hacía que se habían establecido en Uxmal) en compañía de los gobernadores de Chichen Itzá y de Mayapán.

Éstos son los años que corrieron cuando esto aconteció: 200 años [987-1185]...

8 Ahau [10.19.0.0.0: 1185-1204], abandonó el gobernante de Chichen Itzá, de los hombres Itzá, Hunac Ceel Cauich, a Chac Xib Chac [9] de Chichen Itzá; por la traición de Hunac Ceel, gobernante de sus hogares de nuevo, por causa de la traición de Mayapán-Ichpá.[10]

Cuatro veintenas de años y diez más hace: El

décimo tun del 8 Ahau [10.18.10.0.0: 1194], fue el año en que se dispersaron por causa de Ah Sinteut Chan, Tzontecum, Taxcal, Pantemit, Xuchueuet, Itzcuat, Cacaltecat.[11] Éstos eran los nombres de los individuos, siete mayapanenses, 7.

En el mismo 8 Ahau [10.19.0.0.0: 1185-1204] fueron a destruir [los de Mayapán] al Rey Ulmil [12] por sus banquetes con el Rey Ulil de Itzmal.

Trece dobleces de katun hacía que estaban establecidos [los Itzaes] cuando se dispersaron por causa de Hunac Ceel, para darles lección a los Itzaes.

6 Ahau [11.0.0.0.0: 1204-1224], cuando se terminó. Una veintena de años más catorce.

Éstos son los años que corrieron: 34.

6 Ahau [11.0.0.0.0: 1204-1224], 4 Ahau [11.1.0.0.0: 1224-1244].

Dos veintenas de años; cuando fue apresada la tierra de Ichpá-Mayapán por los hombres Itzá que salieron de sus hogares con el Rey Ulmil, y por los de Itzmal, por causa de la traición de Hunac Ceel.

2 Ahau [11.2.0.0.0: 1244-1263], 13 Ahau [11.3.0.0.0: 1263-1283], 11 Ahau [11.4.0.0.0: 1283-1303], [han transcurrido desde que] fue apresada la tierra de Ichpá-Mayapán por los de fuera de la muralla —por causa del gobierno múltiple en el interior de Mayapán—, por los hombres Itzá y el Rey Ulmil.

Dos veintenas de años más tres años cuando entró el 11 Ahau [tres tunes del 11 Ahau anterior: 1286], desde que fue abandonada Mayapán por los extranjeros montañeses [13] [que ocupaban] el interior de Mayapán: 43 años.

9 Ahau [11.5.0.0.0: 1303-1323], 7 Ahau [11.6.0.0.0: 1323-1342], 5 Ahau [11.7.0.0.0: 1342-1362], 3 Ahau [11.8.0.0.0: 1362-1382], 1 Ahau [11.9.0.0.0: 1382-1401], 12 Ahau [11.10.0.0.0: 1401-1421], 10 Ahau [11.11.0.0.0:

1421-1441], 8 Ahau [11.12.0.0.0: 1441-1461]; fue cuando se abandonó y destruyó Ichpá-Mayapán por los de extramuros, los de atrás de la muralla, por causa del gobierno múltiple en el interior de Mayapán.

6 Ahau [11.13.0.0.0: 1461-1480], 4 Ahau [11.14.0.0.0: 1480], 4 Ahau [11.14.0.0.0: 1500-1520].

En el decimotercero tun, el año que corría [1513],[14] fue cuando primeramente pasaron los extranjeros españoles a ver por primera vez nuestra tierra, esta provincia de Yucatán.

Tres veintenas de años más trece años después que había sido despoblada Ichpá: 73 años.

PARTE IV

13 Ahau [11.16.0.0.0: 1520-1539], 11 Ahau [11.17. 0.0.0: 1539-1559], 9 Ahau [11.18.0.0.0: 1559-1579], 7 Ahau [11.19.0.0.0: 1579-1599], 5 Ahau [12.0.0.0.0.: 1599-1618], 3 Ahau [12.1.0.0.0: 1618-1638], 1 Ahau [12.2.0.0.0: 1638-1658], 12 Ahau [12.3.0.0.0: 1658-1677], 10 Ahau [12.4.0.0.0: 1677-1697], 8 Ahau [12.5. 0.0.0: 1697-1717]...

[Hace que] fue abandonada la ciudad de Mayapán, por los extranjeros montañeses, diez veintenas más cuatro veintenas de años.

6 Ahau [11.13.0.0.0: 1461-1480], 4 Ahau [11.14.0.0.0: 1480-1500]: hubo mortandad súbita [peste], los zopilotes entraron en las casas de Ichpá [Mayapán].

2 Ahau [11.15.0.0.0: 1500-1520]: hubo epidemia de viruela grande.

13 Ahau [11.16.0.0.0: 1520-1539]: fue cuando murió el Ofrendador del Agua (Ah Pulá); faltaban seis años para terminarse la cuenta del 13 Ahau [1533].

El año que contaban por el oriente; en 4 Kan cayó Poop al oriente.

He aquí que yo hago la correlación precisa de los años del katun: 15 de Sip y 3 más [18 Sip], 9 Imix.

Es el día en que murió el Ofrendador del Agua Napoot Xiu.

El año que corría era —cuando se supo esta cuenta de los números de los años— 1536.

Tres veintenas hacía que se había despoblado Ichpá [por la peste].

Asimismo, aún no terminaba de contarse 11 Ahau [11.17.0.0.0: 1539-1559], cuando llegaron los españoles, hombres arrojados.[15]

Del oriente vinieron cuando llegaron por primera vez aquí hasta esta tierra de nosotros los hombres mayas, en el año *domini* 1513.

9 Ahau [11.18.0.0.0: 1559-1579], comenzó el cristianismo; se verificó el Bautismo.

Dentro de este mismo katun llegó el primer Obispo de nombre Toral.[16]

También cesó el Colgamiento.[17]

Éste es el año *domini* que transcurría: 1546.

Era el 7 Ahau [11.19.0.0.0: 1579-1599], cuando murió el gran Obispo De Landa.[18]

Dentro del Katun 5 Ahau [12.0.0.0.0: 1599-1618], fue que hubo Padres en Maní: fue el año de 1550.

Éste es el año que corría cuando los Padres se establecieron en Yokhá: 1552.[19]

Éste es el año que corría cuando llegó el Oidor y se fundó el Hospital: 1599.[20]

Éste es el año que corría cuando llegó el Doctor Quijada, gran Gobernador aquí en esta tierra: 1560.[21]

Éste es el año que corría cuando aconteció el Colgamiento: 1562.[22]

Éste es el año que corría cuando llegó el Mariscal Gobernador [Luna y Arellano], y se hicieron las cisternas: 1563.[23]

Éste es el año que corría cuando hubo viruela grande: 1609.

Éste es el año que corría cuando fueron ahorcados los de Tekax: 1610.[24]

Éste es el año que corría cuando [fue registrada por] escrito la población [se censó] por el Juez Diego Pareja: 1611.

3 Ahau [12.1.0.0.0: 1618-1638].

LOS TEXTOS PROFÉTICOS

En relación con el tiempo, los mayas de Yucatán tenían a raíz de la conquista, según los datos existentes, tres clases de predicciones de carácter fatal, a saber: 1) las katúnicas; 2) las túnicas; 3) las diurnas.

Las predicciones katúnicas y las túnicas se presentaban en ruedas cíclicas manteniendo el concepto de que los acontecimientos de un periodo dado se repetirían al repetirse la misma fecha en que se registraban. En las predicciones de los katunes en los Libros de Chilam Balam la cuenta se inicia con el once, de modo que el orden es once, nueve, siete, cinco, tres, uno, doce, diez, ocho, seis, cuatro, dos, trece. La razón de que la cuenta se inicie con el once es que tal era el katun que corría cuando la conquista española se realizó. El acontecimiento inició una nueva era en la historia. En las crónicas el ciclo terminaba o comenzaba en un 8 Ahau. El ciclo completo se denominaba *Uudz Katunob*, es decir, Doblez de los Katunes. Véase en Landa (1938, ed. yuc., p. 107) una rueda de katunes, que Morley reproduce (1947, p. 325). Se conocen dos series completas de profecías katúnicas y una incompleta, todas las cuales están contenidas en esta obra.

Las predicciones túnicas son las que corresponden a cada una de las divisiones de un katun, que son veinte periodos de trescientos sesenta días cada uno llamados tun (Katun es una palabra compuesta de *kal*, que significa veinte, y *tun*). Se conoce únicamente una rueda que incluye los veinte tunes y que corresponde a un Katun 5 Ahau. El nombre que se le da en los Libros de Chilam Balam es Cuceb, que significa ardilla, pero que quiere decir "lo que gira". La serie se incluye también en este trabajo.

El Cuceb enumera años de trescientos sesenta y cinco días, a partir del Trece Kan. En la época de la conquista, el "Cargador", es decir, el nombre del primer día del año civil, era uno cualquiera de los siguientes cua-

45

tro: Kan, Muluc, Ix, Cauac. El año se iniciaba en el mes Pop y precisamente eran estos días los que caían en el primero de Pop, en el orden indicado; el número del día dentro de la serie de Trece, del Tzolkin, completaba el nombre que recibía cada año. Según el Cuceb, en el año 13 Kan se "tomó" el ídolo del Katun 5 Ahau y la fecha de su designación (5 Ahau) cayó en posición 15 del mes Tzeec, es decir, el día 5 Ahau fue el decimoquinto de dicho mes Tzeec, contando desde uno. Pero la realidad es que la posición del 5 Ahau no fue 15 sino 17, primer error que se nota. Martínez Hernández ([1940], pp. 3 y 11) dice que la posición debe ser 18. Este mismo autor también asienta que el año 13 Kan corrió de julio de 1541 a julio de 1542, mientras que el Cuceb fija su transcurso del año 1593 al de 1594, segundo error notable. La serie termina con el año 7 Kan, lo cual es un error más, debido a que se había omitido completamente el segundo, el que sigue a 13 Kan, que es el 1 Muluc, cuya profecía había quedado incluida por descuido en el tercero, 2 Ix, que se tomó por segundo. Este error queda corregido en la traducción presente. La sección del 7 Kan sale sobrando. El último año en el cual terminó la cuenta de 7 200 días que contiene un katun es realmente el anterior a 7 Kan, o sea el 6 Cauac, cuyo segundo día del mes Uayeb fue 3 Ahau, nombre del siguiente katun. El día anterior, el primero de Uayeb, fue 2 Cauac, y es al que se refiere la última sección del Cuceb, que se titula *Check Oc Katun*, o sea la Pisada del Katun. Parece que en esta serie no se sigue la regla de nombrar al katun con el día en que termina, sino que se toma al día Ahau como el del comienzo. Esto se deduce del texto del Chek Oc Katun, ya que explica que el katun pisará el 2 Cauac desde 13 Oc o sea diez días antes y que entonces dejará su trono y su estera, caerá su carga y dará vuelta el doblez del katun. El 2 Cauac es el último día, el número 7 200, contando a partir del día siguiente a 5 Ahau, 17 Tzeec, del Año 13 Kan, y el 3 Ahau, el primero de un nuevo katun, según este sistema. Del otro modo las predicciones corresponderían no al Katun 5 Ahau sino al Katun 3 Ahau, iniciado al día siguiente a la fecha 5 Ahau 17 Tzeec ya mencionada.

Landa (1938, ed. yuc., p. 108), refiriéndose al mecanismo de la función de los ídolos de los katunes, explica que cada ídolo correspondiente a un katun comenzaba a regir diez años antes de que comenzara su propio katun y terminaba su regencia al fin del décimo de éste, viniendo a ocupar su lugar el del siguiente, de modo que durante su propio katun solamente ejercía función diez años, o sea la mitad de la duración del periodo; sin embargo, agrega que, no obstante, los diez últimos años, aunque el ídolo fuera otro, seguían rigiendo los pronósticos del que ya había salido. Pone un ejemplo así: "Verbi gratia. Dicen los indios que acabaron de llegar españoles a la cibdad de Mérida el año de la Natividad del Señor de MDXLI, que era un punto en el primero año de la era de Buluc-Ahau [Katun 11 Ahau]... Si no hubiera españoles, adoraran ellos el ídolo de Buluc Ahau hasta el año LI que son diez años; y al año décimo pusieran otro ídolo, a Bolon-Ahau [Katun 9 Ahau], y honráranle, siguiéndose por los pronósticos de Buluc-Ahau hasta el año de LXI [*sic*], y entonces, quitáranla del templo y pusieran a Uuc-Ahau [al ídolo del Katun 7 Ahau] y siguiéranse por los pronósticos de Bolon-Ahau otros X años, y así daban a todos vuelta..." La explicación no es clara porque hay error en donde hemos marcado *sic*, pues en lugar de LXI debió escribirse LXXI. Lo que es claro es que el ídolo estaba en el templo veinte años: diez del katun anterior y diez de su propio katun; también es claro que aunque lo quitasen del templo al final del décimo año de su propio katun, los diez siguientes seguía rigiendo el pronóstico del mismo katun, aunque ya el ídolo presente fuese el del siguiente. El pronóstico, pues, correspondía a la duración del katun. Sin embargo, en el Cuceb el mecanismo no es como lo explica Landa, sino que el ídolo de un katun dado ocupa su lugar en el templo para ser reverenciado, no a la mitad del katun anterior, sino a los tres cuartos, es decir, no comienza su función al iniciarse el undécimo año, sino al iniciarse el decimosexto y dura hasta el último día del decimoquinto de su propio katun para dejarle su lugar al del katun siguiente. Hay duda sobre si efectivamente dejaba su lugar o permanecía juntamente con el siguiente, al cual tendría como huésped, habiendo sido a su vez huésped del anterior. (Véase, sin embargo, la p. 204, donde se asienta que un katun es huésped del anterior.)

Las predicciones diurnas son de dos clases: *a*) las del *Sansamal Kin Xoc*, o sea de La Cuenta Diaria de los Días de un año, que únicamente enuncia si el día es bueno o malo y tiene una función general para normar las actividades humanas, y *b*) las del *Chuenil Kin Sansamal*, o sea del Artificio Diario de los Días, es decir, de la veintena, dentro del libro horóscopo llamado en náhuatl Tonalámatl, abstractamente, según el propio significado y atributos del nombre del día. La clase *a*) no se incluye en el presente trabajo; la clase *b*) sí. (Véase la nota introductoria particular del *Chuenil kin*.)

Existe aún un tipo de textos que es precisamente el que ha dado nombre a los Libros de Chilam Balam, llamados desde antaño *las profecías* y así tituladas en los manuscritos. Es el que aquí se publica con el título general de Jaculatorias de los Ah Kines y que Roys (1933, p. 164) llama Profecías de una Nueva Religión. El carácter de estos textos es un poco distinto del de las otras profecías: tienen un tono de resignada admisión de hechos inevitables. Véase Roys (1933, apéndice D).

PRIMERA RUEDA PROFÉTICA DE UN DOBLEZ DE KATUNES *

Se asienta el 11 Ahau con el 13 Ahau. Ésta es su palabra y lo que manifiesta el contenido de su carga: Ichcaansiho, Faz-del-nacimiento-del-cielo,[1] es el asiento del Katun 11 Ahau, presente estará allí su Estera, presente estará allí su Trono.[2] Allí mostrará su palabra, allí mostrará su dominio.

Yaxal Chac, Lluvia-verde, es la cara del katun que dominará en el cielo.[3] Bajarán abanicos del cielo, bajarán enramadas de hojas del cielo, bajarán ramilletes perfumados del cielo. Sonará el atabal, sonará la sonaja.[4] Ah Bolon Yocteil, El-nueve-de-la-pata-de--palo, Ah Buluc Ahau ti Yocte Tok, El-once-señor--pata-de-palo-pedernal, Yubté Takin, Palio-de-oro. Entonces será el tiempo en que Yax Cutz Guajolote-verde-silvestre, esté en Sulim Chan, Serpiente-mojada, en Chakanputun, Sabana-de-chiles. Árboles serán la comida, piedras serán la comida; estéril alimento, esto será lo que venga en el 11 Ahau.

El 11 Ahau es el que comienza la cuenta porque es el katun que transcurría cuando llegaron los extranjeros que vinieron del oriente cuando llegaron; los que trajeron el cristianismo que hizo terminar el poder en el oriente y llorar al cielo y llenar de pesadumbre el pan de maíz del katun. Degollado será en su época Yaxal Chuen, Gran-mono-artífice, Ixkanyultá, Preciosa-garganta.[5] Dispersados serán por el mundo las mujeres que cantan y los hombres que

---

* De estos textos han sido publicados únicamente las versiones del Chilam Balam de Chumayel en Médiz Bolio (1930) y en Roys (1933). Por primera vez se edita la serie completa en la forma que se hace ahora.

cantan y todos los que cantan. Canta el niño, canta el viejo, canta la vieja, canta el hombre joven, canta la mujer joven.[6]

Cuando lleguen vuestros Hermanos Menores, cuando lleguen vuestros Hermanos Mayores,[7] cambiarán entonces vuestros bragueros-ceñidores, cambiará vuestra ropa, cambiará el blanco del braguero-ceñidor, cambiarán los colores blancos de vuestras ropas los malditos extranjeros barbudos. En Ichcaansihó, Faz-del-nacimiento-del-cielo, se establecerán. Sus sacerdotes adoran a un Dios encarnado que será adorado por todos los confines del mundo cuando venga y extienda su poder sobre los huérfanos de madre, sobre los huérfanos de padre. De jaguar será su cabeza, de venado su cuerpo. Extendido por todos los pueblos principiará el gobierno dañoso en Ichcaansihó, Faz-del-nacimiento-del-cielo. Ésta es la carga del 11 Ahau. En el año de 1848 saldrá el 11 Ahau.

9 Ahau

Termina el 11 Ahau Katun para que se asiente el 9 Ahau Katun entrelazándose con el 13 Kan, Piedrapreciosa, hasta que quede el 13 Ahau solo.

Uucil Yabnal, Siete-aguas-suyas,[8] es el asiento del 9 Ahau. Durante su transcurso vendrá tristeza, pero dirá el Halach Uinic, Jefe, que no estérilmente se harán Batabes, Los-del-hacha, y se harán Ah Kines, Sacerdotes-del-culto-solar, y Nacomes, Sacrificadores, porque otra presencia vendrá a la Estera y al Trono, y otra voluntad hará que se pongan cuerdas en el 9 Ahau. De culpa es su palabra, de culpa es su boca, de culpa es su mirada, katun es de culpa por el reinado de Ah Bolon Kin, El-nueve-sol, Ah Bolon Am, El-nueve-piedra-labrada.[9]

Bajo el poder de Ah Uuc Kin, El-siete-sol, cometa

50

en el katun, será que vengan las cuerdas y el pan de ceiba negra y el pan de maíz negro como pan del Katun 9 Ahau cuando Ca Kinchicul, Dos-sol-signo, Sac Uacnal, Blanco-prominente, sea el rostro que gobierne. Entonces será que se lleve el agua y se lleve el pan de maíz del katun. De espanto y de guerra será su sustento, de guerra su bebida, de guerra su andar, de guerra su corazón y voluntad. Pero poco será el poder que tenga de su criado el 9 Ahau, el Halach Uinic, Jefe, por el poder de Ah Bolon Kin, El-nueve-sol, el deshonesto de la noche, el deshonesto del katun que se entregará a osadas palabras de discordia. Será al final de su tiempo cuando haya muchísimos procuradores de oficio, enredadores; al final será cuando tenga su pan y su agua, cuando tendida esté la Estera para que sea honrada por el adulterio y la falsedad.

Ésta es la palabra de lo que acontecerá en la carga del 9 Ahau como lo dijo el gran Ah Kin, Sacerdote-del-culto-solar, Chilam Balam, Brujo-intérprete. En el año de 1822 terminará el 9 Ahau Katun.

7 Ahau

Termina el 9 Ahau Katun para que se asiente el 7 Ahau Katun. Ésta es la palabra y la carga de este Ahau Katun, la palabra de su carga. Mayapan, Estandarte-venado, es el asiento del Katun 7 Ahau. Ek Chuuah, Negro-escorpión,[10] es el rostro que reinará en la Estera y en el Trono. Amayte Kauil, Cuadrado-deidad,[11] será el rostro en el cielo. En su reinado será cuando termine de brotar Ix Bolon Yol Nicté, La-nueve-corazón-flor-de-mayo, Ix Dziban Yol Nicté, La-flor-de-mayo-de-corazón-pintado. De Flor de Mayo[12] será el pan del 7 Ahau, de Flor de Mayo será su agua. En ella se hundirán los Halach Uiniques, Jefes de la tierra; en ella se hundirá el Ah

51

Kin, Sacerdote-del-culto-solar; en ella se hundirá el Ah Bobat, Profeta, trastornados por la Flor de Mayo. Nadie se librará, nadie se salvará. El aguijón de su palabra les caerá encima de los ojos y del corazón por todos los ámbitos del mundo. Mucho y completo adulterio será la ocupación de todos; el pensamiento durante la noche será pecado de noche, el pensamiento durante el día será pecado de día. Será la debilidad de voluntad de los Halach Uiniques, Jefes, y de los Ah Kines, Sacerdotes-del-culto-solar, y de los Ah Bobates, Profetas; será la amenaza de palo y piedra para los huérfanos de madre y padre; será el perseguirse como bestias de cuatro patas los hombres del 7 Ahau Katun. De lascivia y locura será su palabra, de lascivia y locura su andar. En Ichcaansihó, Faz-del-nacimiento-del-cielo, principiará la destrucción de los ámbitos del mundo. De nueve grados será su pan, de nueve grados será su agua cuando venga el agua al Quetzal, el agua al pájaro verde Yaxum,[13] varada en el pantano, varada en el agua anegada, hermosa aun sin belleza. Despertarán los no despiertos, los que están sin despertar todavía en este tiempo de siete días de reinado efímero, de reinado pasajero, de siete soles de reinado. El aspecto de sus hombres será de Holil Qch, Zarigüeyas-ratones, pero inútilmente gobernarán disfrazados con piel de jaguar y Máscara de Venado y Conejo el cuerpo, pues se manifestarán sus rostros en los pueblos y provincias en que reinan éstos de Estera prestada, de Trono prestado, de Señoría prestada. Así será durante su gobierno que menosprecien a los Halach Uiniques, Jefes de los pueblos, los codiciosos señores.

Esto es lo que regirá en el 7 Ahau Katun. En el año de 1896 saldrá el 7 Ahau. Aquí está su cara, al sur queda en la rueda.

Termina el 7 Ahau para que se asiente el 5 Ahau. Ésta es su palabra y lo que manifiesta, lo que trae en su carga para que se cumpla.

Sodzil, Murciélago-su-lugar, es el asiento del Katun 5 Ahau. Bizca será la mirada de los señores terrenos; lisiados estarán los señores terrenos de todas categorías, mas no por deformidad sino porque se harán Ch'maques, Zorras, los que son columnas del pueblo, los que son puntales del pueblo. Escondido tendrán el pensamiento los Halach Uiniques, Jefes. Nadie tendrá confianza en los señores terrenos y yendo y viniendo se verán solitarios. Ahogados serán los que escupen el pan, los que escupen el agua. Devoradas entre sí serán las Zarigüeyas-ratones, los codiciosos de gobernar. Llena de culpa viene la sustancia del katun porque de Flor de Mayo es el pan, de Flor de Mayo es el agua. Por parejas de dos en dos grandes adulterios vendrán a causa de la perversidad de los hombres por todos los ámbitos de la tierra, porque este katun no tendrá sustancia sino destinos de lascivia en las palabras que relajarán la gravedad de los viejos, que relajarán la gravedad de las viejas del 5 Ahau. Más allá del monte, más allá de las lomas rocosas, Thuul Can Chac, El-chac-que-chorrea-serpientes, se alzará con sequía por todas partes, pero su carga de hambre no será muy hambrienta porque el agua en canales dará pan más allá del monte, más allá de las lomas rocosas. Este tiempo trae hambre espantosa, pero no en todas partes.

En este 5 Ahau llegará nuevo poder, nueva palabra a Ichcaansihó, Faz-del-nacimiento-del-cielo, con otros hombres. Mutuamente se devorarán Víboras y Jaguares, mutuamente se devorarán las Zarigüeyas-ratones. Acabado será el poder de los Batabes, Los-del-hacha, plebeyos en el 5 Ahau, los hijos de mendigo, los mendigos de ralea, de gente sin nobleza, los cuerpos muertos que están frente al 5 Ahau, los de Estera prestada, los de Trono prestado, los hijos de padres abominables, los de ojos vendados que no verán cuando estén en la Estera, cuando estén asentados en el Trono. Cesará su poder cuando alce el cuello el Jaguar, cuando alce el cuello la Víbora ponzoñosa al fin del 5 Ahau, cuando sea expulsada la semilla del Itzá, Brujo-del-agua, el ávido de gobernar. Entonces morderán a sus amos los Pek, Perros, pues no está lejano el día en que sobre ellos se vuelvan, sobre el que desprecia a su madre, sobre el que desprecia a su padre. Discordia en el Trono nuevamente destruida con piedras cuando acabe la codicia y sean sofocadas las gargantas y se hagan saltar los ojos al que gobierna, cuando impere Hahal Ku, Verdadera-deidad. Ésta es la carga: por muerte súbita, violenta, acabarán. Podrá ser o no podrá ser, sólo Dios [sic] sabe la verdad de las cosas, si ocurrirá por la furia de las Holil Och, Zarigüeyas-ratones, así dice el Ah Kin, Sacerdote-del-culto-solar, Chilam, Intérprete.

Ordenanzas se llaman las que dio el llamado *Xuch Ueuet*,[14] Primero-Flor, desde el mero principio que vino cuando llegó. En el año de 1921 saldrá el 5 Ahau.

3 AHAU

Termina el 5 Ahau Katun para que se asiente el 3 Ahau Katun. Durante su reinado se cumplirá su palabra. Aquí está lo que manifiesta: Zuyua es el asiento del Katun 3 Ahau, allí hablará y obrará cuando sea tiempo el reinado del 3 Ahau, lo que ocurrirá lo dice. Zuyua es el asiento del reinado. Extendida estará la piel de la Serpiente venenosa, extendida estará la piel del Jaguar en Ichcaansihó, Faz-del-nacimiento-del-cielo. Por tres días volverá al cielo Ekel Nok Caanal, Paño-de-estrellas-celestiales, en Zuyua, asiento del reinado de este 3 Ahau. Yax Coc Ah Mut,[15] El-del-anuncio-tortuga-verde, es el rostro que tiene el reinado del 3 Ahau Katun. De frutos del árbol ramón [16] será su pan porque estériles serán sus años en que sólo el viento pasará y sólo se verá en el cielo la majestad venerada de Buluc Ch'abtan, Once-ayunador. Entonces serán asentados los Señores de los pueblos en sus Esteras y Tronos y le será cortada la garganta al que detenta la Estera y el Trono, al Jaguar del pueblo, al Tigre rojo, al Gato Montés rojo, al Gato Montés blanco. Sufrimientos y gemidos quedarán tras de ellos, y tristeza de las Moscas por los caminos vecinales. Visto será en todo lugar poblado Buluc Ch'abtan, Once-ayunador. Vendrá la miseria para los perversos rojos, para los perversos blancos que no respetan a los Señores, que desprecian a su madre y a su padre; será el fin de su codicia cuando ocurran fenómenos celestiales que, sin embargo, no ocurrirán en todas partes, porque Hunab Ku, Unica-deidad, conoce cómo llegará el llanto a Ichcaansihó, Faz-del-nacimiento-del-cielo. Por toda la tierra habrá relajamiento y se dispersarán los pueblos, se dispersarán las ciudades; se desatará la cara, se desatarán las manos, se desatarán los pies del mundo [17] al terminar la codicia, cuando ocurra el despoblamiento, cuando sea la ruina, la destrucción de los pueblos por el colmo de la codicia.

El milagro celestial que dijimos ocurrirá en la época del 3 Ahau Katun, así lo dice el Ah Kin, Sacerdote-del-culto-solar, Chilam, Intérprete, que los que tienen la Estera, los que tienen el Trono, los de Estera prestada, los de Trono prestado, han de echar lo que tragaron; vomitarán las gargantas de los que fueron Señores de tres días, los del Trono de tres soles; los del pan de tres días andarán a pie por los caminos a diario. Muy dulce, muy sabroso fue aquello que tragaron pero lo vomitarán los codiciosos usurpadores, los extorsionadores que cobran los tributos, los intrusos. Llanto de las Moscas, llanto de los pobladores por los caminos vecinales. Llanto por el Trono; llanto por la Estera a causa de los que desprecian a los Señores, a causa de los que menosprecian a sus creadores, por los que reniegan de su madre, por los que se rebelan contra su madre. Este 3 Ahau tendrá el rostro, la palabra y la obra de Pauahtun, La-erguida-columna-de-piedra.[18] Esto lo manifestó el Ah Kin, Sacerdote-del-culto-solar, Chel, Chilam, Intérprete, que vendrán generaciones perversas, que entonces vendrán; así está en la piedra, así lo dice Chilam, Intérprete, lo dijo el Chilam, Intérprete, para que se realice y se cumpla a su término la desaparición de las generaciones perversas.

Mucha miseria en los años del imperio de la codicia, gran sufrimiento que terminará con la dispersión y la ruina de los pueblos. Aquí termina la palabra del Ah Kin, Sacerdote-del-culto-solar, Chilam, Intérprete, así lo explicó la carga de este 3 Ahau Katun.

1 AHAU

Termina el 3 Ahau Katun para que se asiente el 1 Ahau en la Estera, en el Trono. Ésta es su palabra y lo que manifiesta: Emal, La-Bajada es el asiento del Katun 1 Ahau en que bajarán cuerdas y presidirá Ix Pucyolá, La-señora-destructora-del-co-razón-del-agua,[19] Ix Ual Icim, La-señora-tecolote-de-alas-extendidas.[20] Muy mal aspecto tiene, mal se ve; mala voluntad durante su reinado y malo el pensamiento de su reinado. Los que entonces vivieren verán la maldad de los Señores en el 1 Ahau Katun. Amayté Kauil, Cuadrado-deidad, será su rostro. Perturbación en el cielo, perturbación en las provincias, perturbación en el mundo, perturbación en el centro de los poblados y cabeza del país, Ichcaansihó, Faz-del-nacimiento-del-cielo. Llanto a causa de los usurpadores, de los mendigos pedigüeños, de los que andan pidiendo ser substitutos, los de Trono prestado, los de Estera prestada. Durante este tiempo ocurrirá que el terrenazgo común de todos acabe junto con la codicia de gobierno de los hijos de los Ah Kines, Sacerdotes-del-culto-solar, y de las Ixtitibe, Maestras. Llanto de las Moscas, llanto de las gentes del pueblo. Entonces se despoblará el mundo encogiéndose, haciéndose escaso y pobre, empequeñecido y humillado a causa del rigor de la palabra de este katun. De una noche y un día será el gobierno en la provincia de Maycu, Venado-tecolote, de los usurpadores de Estera, de los usurpadores de Trono, de los que arrojan calumnias, perversos rojos, perversos blanqueados de apariencia de sapos,[21] los de grandes testículos, los del pedernal, colmo de la codicia. En el 1 Ahau regresará el terrenazgo de los terratenientes a los Hermanos Menores y en toda la tierra quedarán colmados los años de los perversos engendrados, de los hijos de mujeres Tórtolas, de los hijos de hombres Tórtolas. Entristecerán entonces estos Señores cuando venga nuevo poder. Así es la carga del 1 Ahau, como lo dijo el Ah Kin, Sacerdote-del-culto-solar, Chilam Balam, Brujo-intérprete, cuando explicó la carga del Katun, éstas son sus palabras para este tiempo.

12 Ahau

Termina el 1 Ahau para que se asiente el 12 Ahau; aquí está lo que manifiesta su carga: Saclactun Mayapan, Piedras-blancas Estandarte-venado, es el asiento del Katun 12 Ahau. Yaxal Chuen, Gran-mono-artífice, es el rostro que tendrá durante su reinado en el cielo. Habrá grandes maestros, grandes sabios, grandes magos. Sale lo que está en el cielo en el 12 Ahau: será el Ah Kin, Sacerdote-del-culto-solar, quien se asiente en la Estera y en el Trono con la máscara de Jaguar. De seis generaciones será su gobierno; habrá buenos Batabes, Los-del-hacha, para alegría de los pueblos, buenos gobernantes, buenos hombres, buenos nobles en todo el mundo. Se irán los Holil Och, Zarigüeyas-ratones, abandonando la Estera prestada, el Trono prestado; se irán a las lejanías extremas, a los confines del agua. Felices serán los hombres del mundo prosperando los pueblos de toda la tierra; se acabarán los Osos Meleros, Cabcoh,[22] las Zorras Ch'amacob, las Comadrejas que chupan la sangre del vasallo. No habrá gobernantes mezquinos, no habrá gobierno mezquino; no habrá ya lambiscones de príncipes ni habrá quien pida sustitutos. Ésta es la carga, lo que manifiesta este 12 Ahau Katun. Tendrá gobierno que será respetado, pero no tendrá pan. Despoblamiento hacia el fin por muerte súbita, por perversidades de bellacos. Pero acabarán los ambiciosos destructores.

Seis años serán buenos, seis años serán malos que nuevamente se mezclarán con los años buenos para ajustar el katun. Justas y obedecidas serán las órdenes de los Señores legítimos para alegría del mundo. No habrá Zorras, no habrá Osos Meleros, no habrá Comadrejas, no habrá devoradores de hombres; serán arrancadas las garras del Puma y del Jaguar; tendrán vida pueblos y provincias en el 13 doblez del katun del 12 Ahau Katun. Éste es el destino y la palabra que explicó el gran Ah Kin, Sacerdote-del-culto-solar, Chilam, Intérprete; ocurrirá en el tiempo de los balbuceadores descendientes del futuro. Así dijo, explicó el Ah Kin, Sacerdote-del-culto-solar, Chilam, Intérprete, en épocas pasadas.

10 AHAU

Termina el 12 Ahau Katun para que se asiente el 10 Ahau. Ésta es la palabra, lo que manifiesta la carga de sus años: Lahun Chablé, Diez-hoja-escamosa,[23] es el asiento del Katun 10 Ahau.

Lahun Chaan, Diez-poderoso,[24] es su rostro. Cit Bolon Ua, Decidor-grandes-mentiras, su rostro en el cielo. Cit Bolon Ua, Decidor-grandes-mentiras,[25] el Ah Kin, sacerdote-del-culto-solar, que ata los palos al juntar las cuatro partes del cielo. Años estériles en que no habrá pan; de frutos del árbol ramón y jícama silvestre serán su pan y su agua. Malo su aspecto, malo su imperio en el cielo; malos los Halach Uiniques, Jefes, y sus súbditos. Hambre es su carga: Entrará el pecado en el mundo al sonar los atabales, al sonar las sonajas agitadas por los cuatro Bacabes, Vertedores,[26] cuando rasguñen las espaldas las ceibas de la tierra, cuando hagan salir por completo la lengua al que le corten el resuello. Verdad será que la Estera estará arrollada y que entonces vendrá la mácula sobre lo que reste de bueno en el mundo. Hunab Ku, Única-deidad, sabe las cosas.

59

Ésta es la carga, el rostro del Katun 10 Ahau,
así dice el Chilam Balam, Brujo-Intérprete; tristeza
habrá en el reinado de la carga de sus años por
obra y deseo de Hunab Ku, Única-deidad.

8 AHAU

Este Katun 8 Ahau se asentó en el cargador de año
cuando fue despoblada Mayapan, Estandarte-venado,
que da al sur. Lahun Chablé, Diez-hoja-escamosa,
es el asiento del Katun 8 Ahau. Amayté Kauil, Cuadrado-deidad, es el rostro que reina en su pan y en
su agua. Tristeza habrá entonces. Cit Bolon Ua,
Decidor-grandes-mentiras, es su rostro en el cielo.
Pan de Pedernal, agua de pedernal; ruda palabra
guerrera que no temerá de nadie el pan ni el agua;
que empobrecerá la llanura, que empobrecerá la
sierra hollada en busca de alimento. No tendrá agua
la llanura, ni tendrá agua la montaña porque en
todos los pueblos y provincias no estarán los Bacabes, Vertedores, y entonces vendrá Kinich Kakmó,
Guacamaya-de-fuego-de-rostro-solar,[27] a reinar.

Entonces vendrán los extranjeros y habrá vengan-
zas a causa de los irreverentes, de los destructores,
de los que se levantan en contra de su madre, en
contra de su padre, suplantadores del Señorío
en Chichen, Orilla-de-los-pozos, y del Señorío a la
orilla del mar. Al norte del mundo estará el Bacab,
Vertedor, cuando llegue la hora de la culpa a todos
los que estuvieron reinando. Entonces vendrán dar-
dos, vendrán escudos para los advenedizos, los
echados de sus hogares, los Señores plebeyos que
usurpan la Estera, que usurpan el Trono, los hijos
bastardos, los Itzaes, Brujos-del-agua, hijos sin linaje materno,[28] engendrados en mujeres de placer.

De pecado, de culpa habla este katun y de destrucción por piedras y despoblamiento al final por causa de los ambiciosos de gobernar. Así se manifiesta. Llegará Ah Kinich Kakmó, El-guacamaya-de-fuego-de-rostro-solar, en el Katun 8 Ahau. Despoblamiento será lo que haga venir Ah Kinich Kakmó, El-guacamaya-de-fuego-de-rostro-solar. Se volteará el cielo y dará vuelta la tierra. Cuando ocurra este cambio se hará manifiesto el pecado de los Halach Uiniques, Jefes de los pueblos, y entonces alzarán el cuello los Príncipes cuando se les sumerja en el agua por usurpadores del Trono, por usurpadores de la Estera, cuando se volteen hacia la tierra los soberbios, los renegados, los faltos de nobleza, los plebeyos. Llanto de las Moscas, llanto de los pobladores que llorarán en los caminos vecinales.

Ésta es la palabra del 8 Ahau Katun, el mismo en que fue despoblado Mayapan, Estandarte-venado. Mala es la palabra del katun pero así acontecerá, es su palabra cuando de nuevo regrese, según dijo el gran Ah Kin, Sacerdote-del-culto-solar, Chilam, Intérprete, cuando escribió los signos en la faz del Katun del 8 Ahau.

6 AHAU

Termina el 8 Ahau Katun para que se asiente el 6 Ahau. De este 6 Ahau Katun son estas palabras que se cumplirán en su tiempo, ello sucederá o no. Dijimos arriba que no era bueno creerlo sino para que se entienda cómo contaban los días dentro de sus años, no porque vivan sus animales, pero es bueno su consejo. Ésta es la palabra y el orden que manifiestan los jeroglíficos de la casa del 6 Ahau Katun. Ésta es la palabra y el orden en que viene el tiempo y años del katun.

Uucil Yabnal, Siete-aguas-suyas, es el asiento del

Katun 6 Ahau. Kinich Kakmó, Guacamaya-de-fuego-de-rostro-solar, de Uxmal,[29] será su rostro en el cielo durante este reinado que será de miradas desvergonzadas y de hablar desatinado. Vendrá la tristeza cuando se establezcan los usurpadores de la Estera, los usurpadores del Trono. Tristeza en el cielo; estrellas habrá que traigan peleas violentas y pleitos ocultos entre los hombres sus súbditos, manifiesta el 6 Ahau. Se comerán árboles, se comerán piedras; grandísima hambre será su carga, la muerte estará sentada en su Estera y en su Trono; serán degollados los Halach Uiniques, Jefes de los pueblos, que andan sentados junto a las cercas de piedra exhibiéndose, fuera de las casas, los que desconocen su oficio y función porque no son nobles, sino plebeyos. Esto manifiesta su palabra, que no tienen límites sus ambiciones; irán por el monte, por los pedregales.

Acontecerá por tres veces que no habrá sino pan de jícama silvestre y frutos del árbol ramón; tremenda hambre y despoblamiento y destrucción de pueblos. Ésta es la carga del Ahau Katun el 6 de que se habla, muy malo es su tiempo: tres usurpadores de Trono, usurpadores de Estera, y en el cuarto año Tun reincidirán nuevamente.

Habrá poderosos y habrá Príncipes hasta el fin solamente, pues no está ya lejano el día en que la tierra se voltee para ver el cielo y luego se voltee de nuevo. Entonces no pasará día en que no alcen el cuello los usurpadores de la Estera, los usurpadores del Trono, nada será provechoso para los Señores de la tierra aunque lo deseen.

Eso significa la palabra del 6 Ahau Katun que viene y éstas son las letras de sus signos del 6 Ahau Katun.

Termina el 6 Ahau Katun para que se asiente el 4 Ahau Katun. Ésta es la palabra que está en la carga de sus años según los antiguos nombres. Uucil Yabnal, Siete-aguas-suyas, es el asiento del 4 Ahau Katun en Siete Aguas de Chichen. Uac Chuuahnal, Seis-vertedor-de-calabazas, en su rostro; está al sur.

El alba, el amanecer será por la cola de Ah Bocacol, El-vertedor-de-vasijas-de-cuello-angosto, pero su rostro estará cubierto; muerta estará su mirada; llanto por su pan, llanto por su agua porque se le negarán devociones y reverencias. Tembloroso, tembloroso y moribundo estará su poder por falta de reverencia de los Señores Príncipes, de los que rigen y gobiernan. Esto es lo que manifiesta el 4 Ahau Katun: mezquindad de pan, mezquindad de agua también, terminará la obediencia y el respeto porque habrá otra voluntad distinta y no será más respetada, porque dulce fue a su garganta que se le obedeciera pero no querrá respetar. Hacia el poniente tiene su Estera y su Trono; muerte repentina será su carga. Entonces habrá Batabes, Los-del-hacha, extranjeros y advenedizos y será el asfixiar por el cuello a los Halach Uiniques, Jefes de los pueblos, haciéndoles vomitar sangre. Ésta es la carga del katun.

Durante su época serán blancos sus bragueros-ceñidores, blancas sus ropas; pan es la divisa del katun. Entonces estará el Kub, Quetzal, estará el Yaxum, pájaro verde, en las ramas del árbol Kaxté o del árbol Hoben.[30] Estará el ave anunciadora; llegarán entonces los espantajos de a caballo, cuando llegue Cristo; llegarán los jinetes. Los tributos se ocultarán entonces guardados en sacos en Chichen, Orilla-de-los-pozos.

La mitad del katun buena y la mitad no buena. Esplenderá Ah Chicum Ek, El-estrella-guiadora, en el cielo, Yax Aclam, Verde-tortuga, Yax Ah Coc Mut, El-del-anuncio-tortuga-verde, Ah Ahsah, El-despertador-estrella-de-la-mañana.[31] Pero nadie se dará cuenta de las señales porque sordos estarán a todas las cosas.

Manifiesta el 4 Ahau Katun muerte súbita y entradas de zopilotes a las casas, y sucederá de nuevo cuando vuelva otra vez el doblez del katun a regir.

Así dijo el gran Ah Kin, Sacerdote-del-culto-solar, Chilam Balam, Brujo-Intérprete, para la carga del Katun 4 Ahau.

2 AHAU

Este 2 Ahau que se asienta en el 1 Cauac, Trueno, se inicia en el segundo día después de 1 Poop, Estera. Ésta es la palabra contenida en su carga y lo que manifiesta en sus años: Morirá el 4 Ahau Katun y entonces se asentará el 2 Ahau Katun. Aquí está la palabra contenida en la carga, todo, totalmente, y el orden en que dirá su palabra.

En Maycú, Venado-tecolote, Saciyapan, se asentará el Katun 2 Ahau; en Saclactun, Piedras-Blancas, Maycú, Venado-tecolote, Mayapan, Estandarte-venado.[32] Katun triste; katun de llanto porque entonces bajarán cuerdas, bajará agonía, bajará angustia y tristeza de ánimo. Entonces habrá muerte súbita y grandes montones de calaveras. Estériles serán sus años. Ésta es la carga; esto es lo que deja ver. En este 2 Ahau atará su carga Buluc Ch'abtan, Once-ayunador, y nacerá Hun Yoppol Ik, Viento-reseco. De frutos del árbol ramón será el pan, de jícama silvestre será. La mitad de la carga viene buena, tendrá un pan, tendrá su agua, su poder, su reinado.

La mitad tendrá grandes miserias; empero habrá Trono, habrá Estera y respeto al pan y al agua para los Señores de la tierra y sentirán la marca del pie, la huella del pie, los extranjeros.

Éste es el katun en que vendrán los de color claro, los hombres barbudos, así lo dijo, así lo supo el Ah Kin, Sacerdote-del-culto-solar, Chilam, Intérprete: "Es el tiempo en que llegarán vuestros padres; vuestros hermanos." Así le fue dicho a los Grandes Itzaes, Brujos-del-agua: "Iréis a alimentarlos; vestiréis sus ropas, usaréis sus sombreros; hablaréis su lenguaje. Pero sus tratos serán tratos de discordia." Surgirá también la Flor de Mayo, el botón de la flor de Mayo, y nadie habrá que no caiga cuando esté la presencia de Ix Dziban Yol Nicté, La-flor-de-mayo-de-corazón-pintado. Cuando llegue, de Flor de Mayo será la palabra del 2 Ahau Katun.

Ésta es la carga del 2 Ahau. En el año de 1800 será el fin del 2 Ahau Katun y entonces se unirá al Katun 11 Ahau. Este 2 Ahau está asentado en el 1 Cauac, Trueno, como está puesto.

13 AHAU

Termina el 2 Ahau Katun para que se asiente el 13 Ahau Katun. En el sexto año tun del 9 Ahau termina el 13 Ahau, que acompañará al 11 Ahau en el conjunto de las Ahaues hasta la sexta unidad de tiempo, el sexto año del 9. Ésta es su palabra. Kinchil Cobá, Chachalaca-de-rostro-solar,[34] es el asiento del 13 Ahau Katun, Maycú, Venado-tecolote, Mayapan, Estandarte-venado.

Dice su palabra, muestra su rostro para decir su palabra este katun que tiene por cara a Itzamná, Brujo-del-agua, a Itzamtzab, Las-cabrillas-del-brujo-del-agua. Hambre tremenda trae su carga; de jícamas silvestres será el pan; durante cinco años bajarán jícamas silvestres y frutos del árbol ramón, bajarán años de langosta, pan de langosta y agua de langosta; diez generaciones, trece generaciones de langosta tendrá su carga. Pero habrá respeto para su pan y su agua; sostendrán en sus manos el abanico, el ramillete, el ramillete de los celestiales, los Señores de la tierra.

Yaxal Chac, Lluvia-verde, es el cargador de este katun en el cielo, en las estrellas; y llegará entonces Ixma Chucbeni, La-incompleta, la que comerá el Sol y comerá la Luna. Muy pesada es la carga del katun. Batabes, Los-del-hacha, impotentes y perdidos, Ah Kines, Sacerdotes-del-culto-solar, impotentes y perdidos por causa de Ixma Chucbeni, La-incompleta. Perdición de los Halach Uiniques, Jefes; perdición del Ah Bobat, Profeta, y del Ah Naat, docto: embriaguez del Ah Bobat, Profeta, y del Ah Kin, Sacerdote-del-culto-solar, por causa de la Ix Dziban Yol Nicté, La-flor-de-corazón-pintado. Mucho desvarío de lascivia y adulterio comienza en los Batabes, Los-del-hacha, corrompidos cuando entre el reinado de Ah Bacocol, El-vertedor-de-vasijas-de-cuello-angosto, que quiere devoción y reverencia solamente para él, cuando desprecian a los Halach Uiniques, Jefes, en los pueblos, en el monte y el pedregal, los engendrados de lascivos y perversos, despreciadores de sus mayores, los que se olvidan de su creador, los hijos de Ah Bacocol, El-vertedor-de-vasijas-de-cuello-angosto. Mas no será completo el pan de este katun porque sus hombres estarán también bajo Ah Bolon Yocte, El-nueve-pata-de-palo, los de la Estera de dos días, los del Trono de dos días, los sin madre, los sin padre, los engendrados de locos lascivos enredadores y embaucadores. Devorado será el rostro de su Sol y devorado será el rostro de su Luna;

y hablará el Balam, Jaguar, hablará el Ceh, Venado, que recibirá el palo gimiendo y dará su paga al mundo con muertes repentinas arrebatadas y sin motivos. No será una solamente la carga de muertes repetinas y violentas cuando se cumpla la tremenda hambre. Esto es lo que guarda la carga del 13 Ahau Katun en la séptima unidad de tiempo del 9 Ahau cuando acaba el 13 que acompaña al 11 Ahau Katun en el grupo de los Ahaues hasta el sexto año del 9 Ahau. Deja a estos dos: el 13 Ahau y el 9 Ahau.

Así lo dijo el Ah Kin, Sacerdote-del-culto-solar, Chilam Balam, Brujo-Intérprete. Al oriente está en la rueda y en el año de 1824 termina el 13 Ahau.

SEGUNDA RUEDA PROFÉTICA DE UN
DOBLEZ DE KATUNES*

11 AHAU

El 11 Ahau Katun, primero que se cuenta, es el
katun inicial. Ichcaansihó, Faz-del-nacimiento-del-
cielo, fue el asiento del katun en que llegaron los
extranjeros de barbas rubicundas, los hijos del sol,
los hombres de color claro.

¡Ay! ¡Entristezcámonos porque llegaron!

Del oriente vinieron cuando llegaron a esta tierra
los barbudos, los mensajeros de la señal de la divinidad, los extranjeros de la tierra, los hombres ru-
bicundos..., [*texto destruido*] ...comienzo de la
Flor de Mayo. ¡Ay del Itzá, Brujo-del-agua, que vienen los cobardes blancos del cielo, los blancos hijos
del cielo! El palo del blanco bajará, vendrá del cielo, por todas partes vendrá, al amanecer veréis la
señal que le anuncia.

¡Ay! ¡Entristezcámonos porque vinieron, porque
llegaron los grandes amontonadores de piedras, los
grandes amontonadores de vigas para construir,[1]
los falsos *ibteeles*[2] de la tierra que estallan fuego al
extremo de sus brazos, los embozados en sus sabanos, los. de reatas para ahorcar a los Señores!
Triste estará la palabra de Hunab Ku, Unica-deidad,
para nosotros, cuando se extienda por toda la tierra la palabra del Dios de los cielos.

¡Ay! ¡Entristezcámonos porque llegaron! ¡Ay del

---

* La serie completa aparece en los Libros de Chilam
Balam de Chumayel de Tizimín. Sólo han sido publicadas
las versiones del primero en Médiz Bolio (1930) y en Roys
(1933).

Itzá, Brujo-del-agua, que vuestros dioses no valdrán ya más!

Este Dios Verdadero que viene del cielo sólo de pecado hablará, sólo de pecado será su enseñanza. Inhumanos serán sus soldados, crueles sus mastines bravos. ¿Cuál será el Ah Kin, Sacerdote-del-culto-solar, y el Bobat, Profeta, que entienda lo que ha de ocurrir a los pueblos de Mayapan, Estandarte-venado, y Chichen Itzá, Orillas-de-los-pozos-del-brujo-del-agua? ¡Ay de vosotros, mis Hermanos Menores, que en el 7 Ahau Katun tendréis exceso de dolor y exceso de miseria por el tributo reunido con violencia y antes que nada entregado con rapidez! Diferente tributo mañana y pasado mañana daréis; esto es lo que viene, hijos míos. Preparaos a soportar la carga de la miseria que viene a vuestros pueblos porque este katun que se asienta es katun de miseria, katun de pleitos con el diablo, pleitos en el 11 Ahau. ¡Oh vosotros, Hermanos Menores, oh vosotros, Hermanos Mayores, la palabra de Dios [sic] del cielo y de la tierra, recibid a vuestros visitantes, a los llegados barbudos, a los mensajeros de la señal de Dios [sic] que vienen a establecerse como vuestros Hermanos Mayores, a los Señores que marcarán la piedra ahora, los Ah Tantunes,[3] los que os pedirán generaciones de Dios a vosotros!

Éstos son los nombres de los Ah Kines, Sacerdotes-del-culto-solar: Ah Misnilacpec, El-que-mueve-barriendo-con-las-narices, el Anticristo, ése es el rostro del tiempo que viene a nosotros ahora. ¡Ay, se acrecentará la miseria, hijos míos! Ésta es la palabra de Nuestro Señor: "Arderá la tierra, se harán círculos blancos en el cielo durante este katun, así acontecerá." Viene de boca del Dios Padre [sic], no es palabra de engaño. ¡Ay! ¡Muy pesada es la

carga del katun en que acontecerá el cristianismo!
Esto es lo que vendrá: poder de esclavizar, hombres
esclavos han de hacerse, esclavitud que llegará aun
a los Halach Uiniques, Jefes de Trono de dos días,
de Estera de dos días, hijos de los días de locura
lasciva. Será su final por obra de la palabra de
Dios [sic]; de once medidas será su jícara y por
todas partes se verá la señal de Su rostro durante
Su reinado. Reunión de piedras será Su enseñanza,
reunión de piedras será Su hablar. Si habréis de
morir, si habréis de vivir, ¿quién habrá de saber la
verdad de estos signos reales? ¡Ah de Mayapan,
Estandarte-Venado! Se hace pequeña por sí sola
la justicia que pone en los calabozos, que saca las
amarras, los azotes y látigos. Cuando se asiente,
dobles serán las orejas de Su Hijo, tendrá Su som-
brero en la cabeza y Su calzado en los pies, anudado tendrá el cinturón a la cintura cuando ellos
vengan.

9 Ahau

El 9 Ahau Katun es el segundo que se cuenta.
Ichcaansihó, Faz-del-nacimiento-del-cielo, será su
asiento.

En su época recibirán el tributo los extranjeros
que vengan a la tierra, en la época en que lleguen
los amos de nuestras almas y congreguen a los pueblos en grupos según la cabeza de sus Esteras, cuando comience a enseñarse la Santa Fe del cristianismo, cuando comience el echar agua en las cabezas
en bautismo por todas las partes de esta tierra,
cuando se asienten los cimientos y comience a cons-
truirse la Santa Iglesia Mayor, la prominente casa
de Dios [sic] que está en el centro del pueblo de

Tihoó, Mérida, el recinto de la casa de Dios Padre [sic].

Enorme trabajo será la carga del katun porque será el comenzar de los ahorcamientos, el estallar del fuego en el extremo del brazo de los blancos, los ibteeles de la tierra que llegarán con sus sabanos y sus reatas aquí sobre el mundo, cuando caiga sobre la generación de los Hermanos Menores el rigor de la pelea, el rigor del tributo, cuando les venga la gran entrada del tributo en la gran entrada del cristianismo, cuando se funde el principio de los Siete Sacramentos, cuando comience el mucho trabajar en los pueblos y la miseria se establezca en la tierra.

Dicen que Ixanom, Eva [sic], provino de la palabra de Dios Padre. Vino la joven blanca del cielo, mujer Virgen se llama, madre de las siete estrellas rojas, estrellas que sostendrá en el noveno año el 9 Ahau que traerá el cristianismo. Así fue interpretada por Chilam Balam, Brujo-intérprete, la piedra de los nueve sellos que está arriba; el trece Etznab es el día allá arriba como acá en la tierra. De las sonajas del cielo, de los abanicos del cielo será bajado el cordel. Es la palabra de Dios [sic] que vino de arriba a toda la extensión de la tierra. De nueve grados es su plato, de nueve grados es su jícara.

¡Ay, preparaos, Itzaes, Brujos-del-agua, a recibir a vuestros huéspedes! Los habréis de alimentar pero también os alimentarán. Vienen nuestros Hermanos Mayores.

7 AHAU

El 7 Ahau Katun es el tercero que se cuenta. Ichcaansihó, Faz-del-nacimiento-del-cielo, será su asiento. Yaxal Chac, Lluvia-verde, será su rostro durante su reinado de sabiduría. Sonarán atabales abajo, sonarán sonajas arriba. De Flor de Mayo será el pan, de Flor de Mayo será el agua que trae en su katun. Será entonces cuando comiencen a mancillarse los labios con las mujeres y llamen con las manos a la Flor de Mayo, llamen durante el katun con la mirada de lado porque habrá resonar de música por todas las partes de la tierra. De Flor de Mayo será el vestido, de Flor de Mayo el rostro, de Flor de Mayo el calzado, de Flor de Mayo el andar: parpadeando los ojos, escupiendo saliva, ofreciendo mujeres a los Batabes, a los Justicias, a los Jefes, a los Escribanos, a los maestros, a los grandes, a los humildes. No habrá grandes enseñanzas ni ejemplos sino mucha perdición sobre la tierra y mucha desvergüenza. Será entonces cuando sean ahorcados los Halach Uiniques, Jefes, los Ahaues, Señores-príncipes, los Bobates Profetas y los Ah Kines, Sacerdotes-del-culto-solar, de los hombres y de los pueblos mayas. Perdida será la ciencia, perdida será la sabiduría verdadera.

Preparaos, ¡oh Itzaes, Brujos-del-agua! Porque vuestros hijos verán, al término del juego del katun, cesar la ruina del Quetzal y de los Amaite Uitz, Montañas-angulosas,[5] sus asientos, en ese tiempo. De lascivia y mentira serán sus palabras, de lascivia su mirada cuando reine entre los Halach Uiniques, Jefes, el Chac del rojo bellaco. Pero siete serán sus platos, siete sus jícaras; vendrá mucho ahorcamiento de Zarigüeyas bravas, de Zorras bravas. No habrá ningún lugar donde no pese la palabra y la carga de este katun en que comenzará el resonar de la música y venga el llamar con la mano de la Flor de Mayo.

Recibid generosamente a vuestros huéspedes. Yo

he venido a vuestros pueblos, vengo a pedir que os cristianicéis a tiempo.

5 Ahau

El 5 Ahau Katun es el cuatro que se cuenta. Ichcaansihó, Faz-del-nacimiento-del-cielo, es su asiento. Reino será de monos, U maaxil katunoob, Monos-en-el-katun. Será el ahorcar a los hombres de edad avanzada [6] y será la muerte a los grandes linajes. Dura será su mirada, duro el signo de su reinado cuando comiencen los devoradores de infantes de mujer, los devoradores de infantes de hombre, de los infantes de la lascivia de mujer, de los infantes de la lascivia de los hombres, cuando venga al mundo el comienzo de las discordias del diablo y se vaya la presencia de Ku, Deidad, al cuarto descansadero del cielo, cuarto descansadero del camino, por el comienzo del pleito con el diablo. Entonces será el ahorcamiento en el tiempo de los jueces rojos, y el comienzo de la miseria por todos los ámbitos del mundo. Cuando alcen el cuello las Zarigüeyas-ratones para morder, cuando alcen el cuello las Víboras rojas, venenosas y bravas para morder, en el comienzo del Trono de dos días, de la Estera de dos días.

Pero generaciones escasas vendrán de mujer, generaciones escasas vendrán de hombre cuando aparezca la cabeza del cometa que destruya a los Señores de la tierra. En su época será cuando se escuche el ruego del Ah Bobat, El-profeta, y se agiten y rebullan las carniceras hormigas rojas Xulab,[7] las carniceras hormigas rojas Chac Uayah Cab, las grandes destructoras de la miel, y se escondan las sonajas, por causa de aquél a quien se

73

entregan nuestros corazones, dentro del tributo. Rigor vendrá para la miseria y la discordia.

Batabes, Los-del-hacha, serán las Zarigüeyas; Batabes, Los-del-hacha, serán las Zorras; Batabes, Los-del-hacha, serán las Piques insectos dañinos (chinches voladoras), los chupadores, los extorsionadores de los pueblos, ésos serán los que sean establecidos. De Pek, Perro, será su aspecto, de corazón cerrado, dientes mellados, cuerpo fiero. Triste estará el rostro del Sol en la época de la carga del katun. Ku, Deidad, hablará en el cielo diciendo: "Será preciso que golpee vuestras espaldas, ¡oh vosotros, hermanos, los que estáis a cuatro patas, los que sois el fruto del katun de las Zarigüeyas-ratones!" De Flor de Mayo será el Trono en que se siente y se exhiba en medio de la plaza en su Estera de dos días, en su Trono de dos días. Se establecerán en el pueblo los funcionarios que vienen de dos en dos: Batabes, Los-del-hacha, Zarigüeyas. A cuatro patas darán la muerte, pero el tiempo en que puedan llamar con silbidos será poco.

Sonará la sonaja del katun su fuerza y su pecado en el centro del pueblo de Mayapán, Estandarte-venado. Por el gran tributo de Zuyua los Jaguares y los Osos Meleros, Cabcoh, se desgarrarán las espaldas mutuamente devorando el tiempo del katun deseosos de poder. Grandes ahorcamientos es la carga del katun. Pero será el fin del padecimiento de los hombres mayas cuando vengan violentamente los de Uyamil, Lugar-de-los-nahuales, a hacer justicia al pueblo.

3 AHAU

El 3 Ahau Katun es el quinto que se cuenta. Ichcaansihó, Faz-del-nacimiento-del-cielo, es su asiento; Ek

74

Coc Ah Mut, El-estrella-tortuga-anuncio, será su rostro en el reinado de gran sabiduría; el Anticristo es su rostro. Bravura tendrá su cara, fuerte será su vista, poder tendrá su vista. Regateadora será la pelea con el Cisin, Diablo, cuando bajen del cielo las grandes hojas del silil [8] con la fuerza de Hunab Ku, Deidad-única.

Años vendrán de langostas, años fieros de lluvias fingidas, de lluvias de hilos delgados, escasa. Guerras y apedreamientos. Suspendidas estarán las vasijas [9] de barro durante la carga que soporte la generación de Maax, Mono, cuando haya llegado el juez del cielo a cargar el katun y haga doler durante siete años las grandes hojas del silil y haga arder con fuego de llamaradas los cuernos del Yuc, Venadito,[10] en Ichcaansihó, Faz-del-nacimiento-del-cielo. Extendida estará entonces la piel del Chacbolay,[11] pero volteada, en el medio de la plaza. Pek, Perro, será su aspecto. Lluvia colgada del cielo, lluvia de lo muy alto, lluvia del zopilote celestial, lluvia angulosa, lluvia de venado [víctimas], cuando bajen las grandes hojas del silil; bullir de guerra y años de langosta. Suspendidas tendrá sus vasijas de barro durante la gran carga, el linaje de Maax, Mono.

Grandes serán los montones de calaveras y habrá *Ixpom kakil*, Viruelas-gruesas.[12] Mucho ahorcar habrá en este katun y mucha será la carga de miseria; torcida tendrá la mirada el Señor de la Estera de dos días, el Señor del Trono de dos días cuando acabe el poder del katun. No es mentira sino la palabra de Ku Likul Caanal, Deidad-del-cielo. ¡Oh, vosotros, Hermanos Menores! Llanto de los pobladores, llanto de las Moscas en los cuatro caminos que se cruzan cuando golpee el katun destructor y griten las almas en las afueras de los poblados de los grandes Itzaes, Brujos-del-agua.

Héme aquí yo el 3 Ahau Katun que me asentaré en el pueblo de Ichcaansihó, Faz-del-nacimiento-del-cielo. Heme aquí yo, César Augusto [Carlos V], vengo a recibir mi limosna. Del Corazón del Monte recibe su limosna Ah Uc Yolsip,[13] El-siete-corazón-ofrenda.

1 AHAU

El 1 Ahau Katun es el sexto. Emal, La-Bajada, será el asiento donde venga Ix Puc Yolá, La-destructora-del-corazón-del-agua, contra Ix Ual Cuy, La-tecolote-de-alas-extendidas. Entonces bajarán sogas y cuerdas; del cielo bajará la fuerza. No son cosas inventadas o fingidas sino que vienen en su orden y con el poder de U Yumil Caan, Señor-del-cielo, sin fingimientos ni mentiras. Pek, Perro, su señal; Ak Kuch, Zopilote, su señal. Rotos tendrá los dientes, fiero será su cuerpo. De Zarigüeyas serán las caras durante su reinado, de pésima palabra, de pésima piedra, pésimo pedernal, pésimo corazón su voluntad para los sabios.

Amayte Kauil, Cuadrado-deidad, será el rostro presente, cuando venga otra palabra y otra enseñanza que pondrá tristeza en el corazón de la tierra y alborotará los brazos de la tierra, alborotará el centro de la tierra al bajar la justicia del cielo con el poder de Hahal Ku, Deidad-verdadera, verdadera verdad del mundo. Llegarán entonces innumerables (ocho mil) *Axes*[14] a morder a Jaguares y Serpientes, llegarán los devoradores, los aniquiladores del alimento, los que agotan el alimento. Durante siete años morderán los innumerables (ocho mil) *Axes*, siete años morderán a la Serpiente al bajar la carga a la llanura levantando la guerra que muestra el katun.

Entonces será cuando venga la justicia de Dios Nuestro Señor [*sic*] sobre la Flor de Mayo; vendrán los blancos ibteeles a los pueblos sobre los rojos bellacos, sobre Maax, Mono. Ese será el tiempo en que venga distinto poder y enseñanza; pero no será creída por los hombres mayas cuando se pregone entre ellos la palabra de Dios [*sic*] el Señor de las Alturas, para que corrijan y arrojen la maldad de sus vidas, porque los hombres mayas de edad no querrán oír la palabra de Dios porque, sin embargo, parecerán ser padres de los mismos que juzgan. Tristeza habrá en las almas de los Halach Uiniques, Jefes de la tierra. Pocos creerán, o no creerán. Así desaparecerá por completo la alegría de los oficiales de gobierno. Encendido será el fuego en honor de la Virgen maya, y de Hunab Ku, Deidad-única, en la Santidad de la Iglesia [*sic*] única. Allí gritarán para que sean oídas sus voces por el Señor de las Alturas, el Señor del Mundo. Tristeza habrá en las almas por todos los ámbitos cuando se agiten los brazos de la tierra, cuando se agite el centro de la tierra en el tiempo en que sea la sujeción a los extranjeros devastadores. Es la palabra de Dios [*sic*].

En grandes montones estarán los restos de los guardianes de las playas, de los guardianes de las orillas del mar cuando baje el Señor Eterno, el Señor Justiciero, cuando baje la justicia de Nuestro Señor sobre el pueblo, cuando venga la gran pelea de los blancos ibteeles a los pueblos y se conozca si realmente son esforzados.

Entonces vendrá el saltar los ojos al gobernante, al Tecolote de los pueblos y a los Maax, Monos, del katun, y el cortar las garras al ave de rapiña y a la Zorra del pueblo, y al Cabcoh, Oso Melero. Bajará entonces la carga del tributo cuando venga el cristianismo; bajará la cuerda y la fuerte codicia vendrá con el Señor Eterno; cortará las ataduras de la carga de miseria el Señor Justiciero cuando baje la culpa para lo que es del cielo, para lo que es de la tierra entera. Días de sequía han de seguir en su tiempo a las provincias de la tierra cuando se oculten los restos de los guardianes de las playas, de los guardianes del mar en Uaymil, Lugar-de-los-na-huales, y en Emal, La-Bajada, cuando en enormes montones estén sus restos frente al mar. Cuando acabe el katun así acontecerá en el doblez de los katunes, que sea engañada Mayapan, Estandarte-Venado, y terminen las exigencias del Cisin, Diablo, del Anticristo: exigencias de lancear con pedernales; exigencias de arrebatar talegas o alforjas; peleas con estallidos de odio; peleas en los pueblos con ollas y piedras. Al término del katun, del Corazón del Monte recibirá su limosna, su parte, César Augusto [Carlos V], en muertes por hambre, en zopilotes en las casas, en muertes súbitas y vómitos de sangre. Tremenda hambre será la carga del 1 Ahau cuando éntre el zopilote a las casas. Llanto de las Moscas, llanto de los pobladores en los caminos vecinales, en los descansaderos de los caminos vecinales cuando se sepulte la Flor de Mayo con la carga del katun.

Hermanos Menores nacidos de mujer, hijos vencidos nacidos de hombre, ésta es la carga que viene al mundo: Vendrá entonces el amo que nos someterá a prueba, el de rostro de Nacom, Sacrificador, el hijo de Ku, Deidad, Su Obispo [sic], lo que llaman la Santa Inquisición, en compañía de Saúl a pedir fe y cristianismo. Colmo será de la codicia, colmo de los despojos de los mercaderes, colmo de la miseria en todo el mundo. Así acabará el poder del gran katun. Se alzarán espectacularmente los cinco estados del país llano[15] para pelear. Éste es el espectáculo del 1 Ahau Katun. Lluvia de furiosos torbellinos será su carga, lluvia angulosa, lluvia de hilos delgados en el más malo de los katunes; de un golpe del palo de sembrar será la siembra.

Vendrá el pleito y la exigencia del tributo y se pedirán pruebas [sic] de las siete medidas de a braza del cordón umbilical de la tierra; entonces se hará muy dura la adoración de Dios. Entonces dejará de recibir oro el Anticristo y no vendrá más el Anticristo porque no lo quiere Dios [sic] Nuestro Señor para la salvación de este katun y de estas provincias, porque Él fue el creador de estas provincias y el origen del Anticristo fue la avaricia.

Cuando todavía no habían venido los hombres religiosos, entonces no había despojos, no había codicia ni ofensas a la sangre de los otros hombres. Con su propio esfuerzo comía el pobre, pero cuando llegaron los arrasadores, de cinco frutos de árboles comieron los Cabcoh, Osos Meleros.

¡Ay! Dolor existe en Yumil Caan, Señor-del-Cielo, y viruelas gruesas es lo que manda el katun. Se alzará guerra en la Habana con 13 veces 400 barcos.

12 AHAU

El 12 Ahau Katun es el séptimo de la cuenta; Saclactun, Piedras-blancas, es su asiento. Yaxal Chuen, Gran-mono-artífice, es su signo presente en el cielo. Rojo será su rostro en su reinado; manifiesto estará en el cielo durante el día, manifiesto estará en el cielo durante la noche. Grandes maestros, grandes artífices, magníficos Halach Uiniques, Jefes, magníficos Batabes, Los-del-hacha; de regocijo será el poder en todos los ámbitos del mundo; enriquecerá el pobre si se cumple la promesa del katun.

Años serán de riqueza; en abundancia de riquezas y propiedades será también bueno. Los Chaques, Dioses-de-la-lluvia buenos, harán producirse los frutos aun en los pedregales.

Con el cristianismo que traerá Dios se acabarán las Ch'amac, Zorras, y los Cabcoh, Osos Meleros mordedores; acabarán las Zarigüeyas-ratones y acabarán también los Buitres que sacan los ojos a Maax, Mono, en el katun.

Temblorosos, trémulos estarán los corazones de los Señores de los pueblos por las señales difíciles que trae este katun: Imperio de guerra, época de guerra, palabras de guerra, comida de guerra, bebida de guerra, caminar de guerra, gobierno de guerra. Será el tiempo en que guerreen los viejos y las viejas; en que guerreen los niños y los valientes hombres; en que guerreen los jóvenes por los ambiciosos Batabes, Los-del-hacha. De un día y una noche serán el Trono y la Estera; correrá guerra e imperará discordia. Entonces se levantará el palo y la piedra para la pelea.

La mitad viene buena, la otra mitad mala; seis años serán malos, seis serán buenos hasta que se alcancen doce grados de la cuenta del katun. Entonces vendrá el exigir la Fe a los gobernantes de los pueblos y se abrirán las puertas doradas [iglesias del culto católico] y vendrá el casar al pueblo en la Casa de las Cuatro Divisiones en donde se pedirá que no nos descalcemos. Ésa es la cristianidad, ése es el amanecer del cristianismo.

Aquí decimos ahora cómo acabará el katun de la Flor de Mayo: acabará traicionado por la voz, por el poder que viene. Cuando llegue Uuc Uitzil Chac Ek, Estrella-Chac-de-las-siete-montañas, Tupem Caan, Atronador-de-los-Cielos, Pahool Chac, Chac-destructor, en el decimoséptimo año tun. Entonces nos será pedido el cordón umbilical de la tierra de siete medidas y será pedido el libro de los pueblos a los gobernantes por la palabra del Dios que viene. Recibid a vuestros huéspedes; a la distancia de una jornada, a la distancia de un grito vienen ya. Enorme es la carga del katun porque muy mala será la voluntad y muy mala será la enseñanza, porque dará pelea a su padre y a su madre según señala el enmarañamiento del katun. Cambios y recambios de padres, cambios y recambios de madres por exigencias de Hunab Ku, Deidad-única.

Llorará su asiento en la Estera el 12 Ahau, el katun rico. Yacerán en descanso los arcos sobre la tierra, los arcos del país llano; volteadas estarán las flechas en el centro del país llano. Entonces para los Señores del mundo mucho será el trabajar, mucha la burla a los gobernantes de los pueblos con la guerra rápida, violenta, la guerra de cerbatanas de fuego y tendrán también cerbatanas de fuego los hijos de mujer deshonesta y los hijos de hombre deshonesto. Perdidos serán en la guerra los hijos de las Ixtitibe, Maestras. Entonces vendrá el tributar y el Señor de las dos cabezas vendrá a burlarse de los gobernantes de los pueblos enceguecidos con las difíciles señales del katun. Entonces será dividida la carga del mundo y se pedirá el oro a los Señores y a los grandes maestros, a los grandes sabios, cuando venga por los bosques y por los pedregales el Señor Justiciero a cortarle las garras al ave de presa y a desgarrar las espaldas de los Cabcoh, Osos Meleros, y los Ch'amac, Zorras, sean quemadas en sus propias guaridas de piedra. Así dejará de haber Zorras y no existirá más el Cabcoh, Oso Melero.

Gran pan es la sustancia del katun con riqueza y magníficos Batabes, Los-del-hacha, y regocijos para el mundo. De las orillas del mar tomará su sustento el Corazón del Monte que vencerá al katun de sequías y vómitos de sangre, el katun que da fin al regocijo y trae el pedir la comida por medio de enigmas y acertijos.

No habrá miseria sino regocijo en el tiempo de este katun.

10 Ahau

El 10 Ahau es el octavo katun que se cuenta; Saclactun, Piedras-blancas, Lahun Chablé, Diez-hoja--escamosa, es su asiento. Llegará a sus pobladores, hará que griten cuatro veces los que atan los palos de las palizadas y cercas y que lloren los Señores de los pueblos. De frutos del árbol ramón será su pan. Arderán las pezuñas de los animales, arderá la arena en las orillas del mar, arderán los nidos de las aves, estallarán las lajas. Sequía es la carga del katun. Es la palabra de Ku, Deidad, de Nuestro Señor Dios Padre [sic] y la de U Colel Caan, Señora-de-los-cielos, se cumplirá por detrás y por delante del filo del katun. Nadie hará calmar la palabra de Dios Nuestro Señor, del Dios Hijo del Señor de los Cielos y de la Tierra. Nadie escapará de su rigor en toda la extensión del mundo. Llegará el Santo Cristiano trayendo a su sacerdote para convertirnos a los bárbaros de nuestro error. Nadie podrá calmar tampoco la sequía, poderoso será el poder de los Ah Kines, Sacerdotes-del-culto-solar, de los mayas.

8 Ahau

El 8 Ahau Katun es el noveno que se cuenta; Itzmal, Lugar-de-Itzman-mago-del-agua, es el asiento del katun. Regresarán los de Kinich Kakmo, Guaca-maya-de-fuego-de-rostro-solar; bajarán escudos, bajarán flechas tras los Señores de la tierra y en Chakanputún, Sabanas-de-chiles-putun, serán fijadas las cabezas en los muros, de los advenedizos de la tierra; será el término de su codicia, el término del sufrimiento que causan al mundo.

Con la palabra de Dios Padre mucha guerra hará entre los pobladores Kinich Kakmó, Guacamaya-de-fuego-de-rostro-solar, en el asiento de este katun.

6 Ahau

El 6 Ahau Katun es el décimo que se cuenta; Uxmal es su asiento en el cual se fija por sí mismo. Ardoroso es el poder del rostro de su reinado que mentirá con desatinadas palabras de lascivia, ocasión de que baje Dios Padre a culpar y a cortar el cuello por las falsedades de palabra, para después hacer resucitar y esperar la justicia de Nuestro Padre Dios, para hacer que entren al cristianismo todos los súbditos, porque todos los nacidos en esta tierra han de entrar al cristianismo. Ésta es la carga del 6 Ahau que se asienta en este katun.

4 Ahau

El 4 Ahau Katun es el undécimo que se cuenta: Chichen Itzá, Orillas-de-los-pozos-del-brujo-del-agua, es su asiento. Llegará el Quetzal, llegará el pájaro verde Yaxum, llegará Ah Kantenal, El-del-árbol-amarillo; llegará el vómito de sangre por cuarta vez. Llegará Kukulcan, Serpiente-quetzal, en persecución de los Itzaes, Brujos-del-agua. La cuarta vez que habla el katun, la cuarta vez que le llega al Itzá, Brujo-del-agua.

83

2 Ahau

El 2 Ahau es el decimosegundo katun que se cuenta; Maya Uas Cuzamil, Golondrina-maya-su-lugar, Maya Tsucpom, Árboles-de-goma-copal-maya-agrupados, es el asiento del katun. A la mitad se reducirá su pan, a la mitad se reducirá su agua en este tiempo del Katun 2 Ahau. Es la voluntad de Dios [sic] que a la mitad se reduzca su templo durante su imperio; será el colmo de la palabra de Dios [sic].

13 Ahau

El 13 Ahau Katun es el decimotercero que se cuenta; Cabal Ixbach, Chachalaca-poblado; Kinchil Cobá, Chachalaca-de-rostro-solar, es el asiento del decimotercer katun. Se ennegrecerá el ramillete de los señores de la tierra por la universal justicia de Dios [sic] Nuestro Señor. Se volteará el Sol, se volteará el rostro de la Luna; bajará la sangre por los árboles y las piedras; arderán los cielos y la tierra por la palabra de Dios Padre, del Dios Hijo y del Dios Espíritu Santo. Santa justicia, santo juicio de Dios Nuestro Señor.

Nula será la fuerza del cielo y de la tierra cuando entren al cristianismo las ciudades grandes y los pueblos ocultos, la gran ciudad llamada Maax, Mono, y también la totalidad de los pequeños pueblos en toda la extensión del país llano de Maya Cusamil Mayapan, Golondrina-maya-su-lugar Estandarte-venado. Será el tiempo en que se alcen los hombres de dos días en el rigor de la lascivia; hijos de ruines y perversos, colmo de nuestra perdición y vergüenza. Dedicados serán nuestros infantes a la Flor de Mayo y no habrá bien para nosotros.[16] Será el origen de la muerte por la mala sangre al salir la Luna, y al entrar la Luna llena acontecerá la sangre entera. También los astros buenos lucirán su bondad sobre los vivos y sobre los muertos.

Resucitarán los muertos, acontecerá el hundimiento de los cielos. Irán los virtuosos al cielo y bajarán los malos al centro de la tierra; será el fin al término del katun por la palabra de Yumil Caan Yetel Luum, Señor-del-cielo-y-de-la-tierra. Esto es lo que hay en la carga del 13 Ahau. Para el tiempo que termine este katun vendrán a implorar las aguas del renacer, para renacer; serán almas santas las que reciban el santo óleo sin violencia sino por voluntad de Dios [*sic*].

TEXTOS PROFÉTICOS DE KATUNES AISLADOS

PROFECÍA EN UN 13 AHAU *

El 13 Ahau cae con su carga en Emal, La-Bajada, Holtun Zuyua, Cavernas-de-Zuyua, Hotzuc Chakan, Llanura-de-las-Cinco-Parcialidades.

Disputada será la Máscara de Madera,[1] tal es la carga para Hotzuc Chakan, Llanura-de-las-Cinco-Parcialidades. Sufrirá padecimientos Ah Canul, El-guardián,[2] entonces será cuando se tiñan de añil[3] unos y otros por el padecimiento de Ah Canul, El-guardián; estucarán con pintura[4] los Canules, Guardianes; con ellos soltará su carga.

En Saclactun, Piedras-blancas, se establecerá Ah Ek Uilo, El-Negro-Uilo. Aumentada será, acrecentada será la carga al extremo de la sierra; de siete medidas será la sobrecarga de la carga que allá exista. Terminará el poder del katun con siete años de poder de Kin, Sol. Siete años serán de guerra, siete años de muertes violentas. Pero todo se aquietará cuando termine la palabra del katun. Cuidará entonces de los siete apastes recipientes de tortillas de maíz Ix Saclactun, La-que-está-en-Piedras-Blancas, Bolon Ch'ooch', Nueve-Amargo, la que está asentada en medio de la isla de Cuzamil, Golondrinas-su-lugar; entonces será el fin y término del poder de los Ah Kines, Sacerdotes-del-culto-solar, los intérpretes de los signos, de los unos y los otros, de los que sean. Entonces será cuando humille, cuando marque con el pie, Ah Mucen Cab, El-que-guarda-la-miel, cuando transcurra el 13 Ahau, por-

* Se publica por primera vez.

que el 13 Ahau es el tiempo en que se juntarán y coincidirán el Sol y la Luna; será la noche y al mismo tiempo el amanecer de Oxlahun Tiku, Trece-deidad, y de Bolon Tiku, Nueve-deidad. Será cuando cree, haga nacer Itzam Cab Ain, Brujo-del-agua-tierra-cocodrilo, vida perdurable en la tierra. Se derrumbará el cielo y se volteará la tierra, retumbará Oxlahun Tiku, Trece-deidad. Se inundará el mundo cuando se levante el gran Itzam Cab Ain, Brujo-del-agua-tierra-cocodrilo. Grandes inundaciones trae el mensaje del katun a su término, grandes inundaciones vendrán hacia el fin del poder del katun; en los 16 para los 4 cuatrocientos más 17 años entonces es cuando muere el poder de este katun.

Bolon Tiku, Nueve-deidad, no querrá el degüello de Itzam Cab Ain, Brujo-del-agua-tierra-cocodrilo, cuando se apodere del país llano aquel llamado Ah Uooh Puc, El-signo-destructor, que arrojará con ímpetu su nombre teniendo el rostro vendado, durante su reinado.

PROFECÍA LLAMADA DE LAS FLORES EN UN KATUN 11 AHAU*

El 11 Ahau será el tiempo del poder de Ah Bolon Dzacab, El-Nueve-fecundador, el sabio. El doblez de la vuelta del katun será cuando se manifieste el lugar de su carga, que será de nueve medidas. El día cuatro Kan, Piedra-preciosa, ligará su carga terminándola. Cuando baje, del Corazón del Cielo sacará su consagración, su nueva vida, su renacer;

* Se ha publicado únicamente la versión del Libro de Chilam Balam de Chumayel en Médiz Bolio (1930) y en Roys (1933).

bajará a su acicalada casa con Bolon Mayel, Nueve-perfumado.[5] Dulces son sus bocas, dulces las puntas de sus lenguas y dulces tienen los sesos estos dos grandes y nefastos murciélagos que vienen a chupar la miel de las Flores: la roja de hondo cáliz, la blanca de hondo cáliz, la oscura de hondo cáliz, la amarilla de hondo cáliz, la inclinada, la vuelta hacia arriba, el capullo, la marchita, la campánula recostada de lado, la mordisqueada del cacao, la pegajosa flor de pedernal, la flor de hueso, la *Macuilxúchit*, cinco-flores, la de corazón colorido, la Ixlaul, flor de laurel, la flor de pie torcido; a todas éstas vinieron los Ah Con Mayeles, Los-ofrecedores-de-perfume.

Las madres de las flores serán olidas por el Ah Kin, Sacerdote-del-culto-solar, por el Ahau, Señor-príncipe, por el Holcan, Soldado, por el Halach Uinic, Jefe. Tal será la carga del katun florido cuando venga. "Pero no habrá otro, ya no se verá otro", dijo. No traerá pan en su carga el katun florido sino flores de cizaña por el pecado cometido por Bolon Tiku, Nueve-deidad. A tres años aún no llegará la presencia del dios infernal Bolon Dzacab, Nueve-fecundador, cuando se manifestará en las flores *Pizlímtec* [Pilzintecuhtli][6] el infante inmaturo, cuando se disfrace de colibrí y venga a chupar la miel de la flor de nueve pétalos, de la flor de nueve corazones. Entonces querrá marido la flor marchita cuando le arranquen el corazón.

De cuatro pétalos será el cáliz de las flores cuando tengan asentada en su centro la presencia del Ah Kin Xocbil Tun, Sacerdote-del-culto-solar, Xocbil Tun, Piedra-preciosa-que-se-cuenta, cuando tenga la presencia de Oxlahun Tiku, Trece-deidad, cuando vean cómo baja el pecado hacia la Estera, cuando hasta allí llegue el poder de la Flor de Mayo. De

Flor de Mayo será la Estera, de Flor de Mayo el Trono, de Flor de Mayo la sustancia. De envidia será su asiento, de envidia será su caminar, de envidia será su plato, de envidia su jícara, de envidia su corazón, de envidia será su entendimiento, de envidia su pensamiento, de envidia su boca. Desvariado de lascivia será el poder en su época cuando pida a gritos su comida y su bebida, cuando por la comisura de la boca coma su sustento que estará sobre los dedos de sus pies mientras mordido tenga el palo y sostenga la piedra. Grande será la lascivia durante la presencia de Lahun Chaan, Diez-Poderoso. De pecado será su rostro, de pecado su entendimiento, de pecado su palabra, de pecado su enseñanza durante su presencia, de pecado su caminar; porque tuvo vendados los ojos su presencia; peligrosa será su situación en la Estera durante su imperio porque se olvidará de su madre, se olvidará de su padre, y querrá ignorar al padre que lo ha engendrado y querrá ignorar a la madre que lo ha parido; olvidadiza será su voluntad y tendrá orfandad que ofenderá a su padre y querrá ir en orfandad de madre. Como de borracho serán sus señales porque perderá el entendimiento ante su madre y ante su padre y será falto de virtud, y de bondad despojado estará su corazón y sólo un poco de bondad tendrá en la punta de la lengua. Ignorará cómo va a acabar e ignorará lo que habrá al final de su época cuando sea el término del tiempo de su poder, cuando pesadamente cargue su limosna Bolon Tiku, Nueve-deidad, Uuc Satay, Siete-Muerte, cuando pierda su ánimo y espíritu y sea degollado después que él mismo se haya ahorcado. Pecadora será la palabra del Ah Bobat, Profeta, pecador será el Ah Kin, Sacerdote-del-culto-solar, pecador el Ahau, Señor-príncipe, pecador el Holcan, Guerrero.

Terminará su poder embrocando los escudos y colocando las lanzas con la punta para abajo. De diez pétalos será la enemistad que se levante. Pero no sabrán lo que viene al final del poder del katun: Holcanes, Guerreros, que cuando lleguen, colgada traerán del brazo a Ix Tab, La-de-la-cuerda.[7] Entonces no estará vendado el rostro del katun sino que pondrán sus pechos para ser alanceados por los de la Flor de Mayo y morirán por los Ah Kines, Sacerdotes-del-culto-solar, los sabios, en compañía de los Ahaues, Señores Príncipes, y de los Holcanes, Guerreros. Este mensaje sale en otro katun en el noveno año tun en cuyo tiempo se establecerán Batabes, Los-del-hacha, y Ahaues, Señores-príncipes, hijos de Ah Kinchil Cobá, El-Chachalaca-de-rostro-solar, y de Ah Miscit, El-barredor, por el poder de Oxlahun Tiku, Trece-deidad, antes de que transcurran, según mi entender, tres dobleces, vueltas, duraciones de hombre sobre la tierra.

En la tercera vuelta del katun será el tiempo de escalar las montañas [8] por la sequía y los grandes padecimientos del hijo del gran Itzá, Brujo-del-agua. Pero no acabarán por completo el tiempo de la Flor de Mayo y los hombres de la Flor de Mayo dentro del cristianismo.

PROFECIA LLAMADA "EPISODIO DE AH MUCEN CAB EN UN KATUN 11 AHAU" *

En el 11 Ahau es cuando salió Ah Mucen Cab, El-que-guarda-la-miel,[9] a poner vendas en los ojos de Oxlahun ti Ku, Trece-deidad. Solamente sus herma-

* Se ha publicado únicamente la versión del Libro de Chilam Balam de Chumayel en Médiz Bolio (1930) y en Roys (1933).

nas y sus hijos lo sabían; el Santo Señor, Su Hijo y el Espíritu Santo también lo sabían. Con las vendas de su rostro terminó el amanecer para ellos y no supieron ya lo que vendría cuando fue apresado Oxlahun ti Ku, Trece-deidad, por obra de Bolon ti Ku, Nueve-deidad.

Entonces será cuando bajen cuerdas, y fuego y piedra y palo y sea el golpear con palo y piedra, cuando sea apresado Oxlahun ti Ku, Trece-deidad; entonces será cuando se le rompa la cabeza y se le abofetee el rostro, y sea escupido y cargado a cuestas y despojado de sus insignias y cubierto de tizne;[10] y el Quetzal, el pájaro verde Yaxum, sea molido y tomado como alimento juntamente con su corazón, con Sicil, pepitas molidas de calabacitas, y con Top', pepitas molidas de calabazas grandes, y con frijoles molidos y tamales, por Yax Bolon Dzacab, Gran-nueve-fecundador, quien se posesionará del trece piso del cielo, y quien hará que sea permanente el tamo de las semillas y la punta del olote, hueso del maíz, aquí sobre la tierra, lugar de su corazón, porque Oxlahun ti Ku, Trece-deidad, no respeta el corazón del sustento. Será el flechar entonces a los huérfanos de padre, al miserable, a la viuda,[11] para sustentar su corazón; y será el sepultar en las arenas de las orillas del mar azotadas por las olas, de las insignias despojadas. Se hundirá el cielo y se hundirá la tierra también cuando los extremos del doblez del katun se unan y muera el hijo menor.

El doblez del katun llegará aquí en el día 3 Oc; 1 Cimi es el día en que morirá el poder del katun y se alzará Cantul ti Ku, Cuatro-deidad; los cuatro Bacabes, Vertedores, que arrasarán la tierra.

Al terminar el arrasamiento se alzará Chac Imix Che, la ceiba roja, columna del cielo, señal del amanecer del mundo, árbol del Bacab, Vertedor, en donde se posará Kan Xib Yuyum, Oropéndola-amarilla-macho. Se alzará también Sac Imix Che, Ceiba-blanca, al norte; allí se posará Zac Chic, Blanco-remedador, Zenzontle; soporte del cielo y señal del aniquilamiento será la ceiba blanca. Se alzará también Ek Imix Chec, Ceiba-negra, al poniente del país llano; señal del aniquilamiento será la ceiba negra; allí se posará Ek Tan Picdzoy, Pájaro-de-pecho-negro. Se alzará también Kan Imix Che, Ceiba-amarilla, al sur del país llano, como señal del aniquilamiento; allí se posará Kan Tan Picdzoy, Pájaro-de-pecho-amarillo, Kan Xib Yuyum, Oropéndola-amarilla-macho, Ah Kan Oyal Mut, Ave-vencida-amarilla. Se alzará también Yaax Imixche, Ceiba-verde, en el centro de la provincia como señal y memoria del aniquilamiento. Ella es la que sostiene el plato y el vaso; la Estera y el Trono de los katunes por ella viven.

PROFECÍA LLAMADA "LA PALABRA DE OXLAHUN TIKU" EN UN KATUN 13 AHAU[*]

Ésta es su palabra de Oxlahun Tiku, Trece-deidad, como fue explicada por el Ah Kin, Sacerdote-del-culto-solar, Chilam Balam, Brujo-intérprete: A su tiempo será —dijo— que coman, que coman su maíz comprado; que beban, que beban su agua comprada, cuando sea el tiempo en que se encorven sobre la tierra, cuando sea el tiempo en que la tierra se les acerque a la faz. Entonces escalarán las nubes y escalarán las montañas; será el tiempo en que su

[*] Se ha publicado únicamente la versión del Libro de Chilam Balam de Chumayel en Médiz Bolio (1930) y en Roys (1933).

fran la derrota, el tiempo de las revueltas y motines; será cuando se enrosque el cogollo del henequén ch'elem,[12] cuando venga el remedarlos y el burlarlos; cuando el tronco de la ceiba sea resellado, cuando venga la pesada carga al hijo de Maax, Mono.

Será entonces el ahorcarlos y el enjuiciarlos y el colocarles trampas de cuerdas tensas bajo las malezas. Entonces bajará su hambre y cuatro serán los caminos del katun. Limpio estará el norte y el poniente[13] para el paso de los hijos de Ku, Deidad. Perdidos quedarán en sus matorrales llenos de miserias y padecimientos los hijos del gran Itzá, Brujo-del-agua. Arderán sus playas, arderán sus orillas arenosas: Subirá a los árboles Ah Masuy, El-agostador, arderán las pezuñas cuando dé comienzo el poder [de Ku]. Para los de Dzidzontun, Piedras-puntudas-como-pezuñas, de trece grados será su carga.

Entonces vendrá la castidad y la abstinencia para los grandes meleros lascivos y libidinosos de Lahun Chaan, Diez-Poderoso. Soplará en su flauta Chactenel Ahau, Señor-de-la-flauta-roja, encenderá fuego con las raíces de sus pies, hará enrojecer la savia de la Flor de Mayo, hará enrojecer las alas de la tórtola Mucuy. Resplandecerá el cielo enrojecido cuando haga su algazara Chactenel Ahau, Señor-de-la-flauta-roja, y haga música Sactenel Ahau, Señor-de-la-flauta-blanca, en el 13 Ahau.

Aquella Chichen Itzá, Orillas-de-los-pozos-del-brujo-del-agua, tendrá su fardo de trece grados. Barrida será la provincia de Chichen, Orillas-de-los-pozos, y arderá el fuego en el centro del pueblo y podrán hablarse unos a otros los Ah Kines, Sacerdotes-del-culto-solar. Podrá escucharse al Ah Bobat, Profeta, se escucharán sus ocarinas. "Le llegó su día al agua", dirán los Ah Kines, Sacerdotes-del-culto-solar. Caerá el agua como dicen, y escucharán el aletear de las alas de la tórtola Mucuy [14] en el oriente y el ruido de la savia de la Flor de Mayo cuando haga su música Sactenel Ahau, Señor-de-la-flauta-blanca, cuando mida el camino del katun y vaya por el atajo rodeando la llanura Ix Kan Citam Thul, La-piedra-preciosa-jabalí-conejo, de Sulim Chan, Serpiente-mojada, huyendo de la carga del katun. De trece grados será la carga de la llanura que atará el corazón del país llano. Atravesada quedará la carga en Emal, La-Bajada, arrollada estará su Estera durante el tiempo del katun por sus excesivos padecimientos y sufrimientos. Se regocijará Ah Ektenel, El-de-la-flauta-negra, frente a los grandes montones de calaveras y vendrá el zopilote ávido y voraz a sacar los ojos a sus Señores en medio de violentas muertes. Será cuando venga para Ahau Can, Señor-serpiente, y Sinic Balam, Hormiga-brava, la guerra. Años desiguales son los que trae para ellos el katun. Será entonces cuando griten las ranas Uoes a medio día y caiga la servidumbre en Emal, La-Bajada, Holtun Zuyua. Cavernas-de-Zuyua; cuando se regocije Chactenel Ahau, Señor-de-la-flauta-roja, y haga música Sactenel Ahau, Señor-de-la-flauta-blanca.[15] Ésta es la predicción para el 13 Ahau.

PROFECIA LLAMADA "MEMORIA DE CÓMO VINO HUNAB KU A DECIR SU PALABRA A LOS AH KINES" *

Ésta es la memoria de cómo vino Hunab Ku, Deidad-única, Oxlahun Tiku, Trece-deidad, deidad inmensa (deidad de 8 000 veces) a decir su palabra

* Sólo se ha publicado la versión del Libro de Chilam Balam de Chumayel en Médiz Bolio (1930) y en Roys (1933).

a los Ah Kines, Sacerdotes-del-culto-solar, profetas [sic], Chilames Balames, Brujos-intérpretes; al Ah Xupan Nauat, El-nahua-del-estandarte-de-turquesa; al Ah Kin, Sacerdote-del-culto-solar, Ah Napuctun, Señor-Piedra-fina-de-línea-materna-llamada-Puc; al Ah Kin, Sacerdote-del-culto-solar, Nahau Pech, Garrapata-de-línea-materna-llamada-Hau, y al Ah Kin, Sacerdote-del-culto-solar, Ah Kauil Ch'el, El-santo-pájaro-ch'el. Se reunieron en la casa del Ah Nacom Balam, El-sacrificador-que-saca-corazones-brujo, que era Chilam, Intérprete; entonces aconteció el hablar en la casa del Chilam, Intérprete; les fueron dichas palabras de aviso y consejo, les fue revelada la medida de las palabras. Pero no entendieron estas palabras que les fueron dichas.

La razón de por qué se le llama Chilam, Intérprete, es porque el Chilam Balam, Brujo-intérprete, se acostaba tendido,[16] sin moverse ni levantarse de donde se echaba, en su propia casa. Pero no se veía el rostro ni la forma y tamaño de quien hablaba encima del edificio de la casa, a horcajadas sobre ella.

Comenzó a ser pronunciada la palabra cuando estaban reunidos los Ah Kines, Sacerdotes-del-culto-solar, en la casa del Chilam, Intérprete. Les fue dicha la palabra a ellos, pero no sabían quién la decía; decían que Hunab Ku, Deidad-única, Ahau Caan, Señor-del-cielo, eso decían. Se postraron sobre la tierra cuando comenzaron a oír la palabra; se echaron de bruces: "Oh Chilam, Intérprete, gran Ah Kin, Sacerdote-del-culto-solar, haz de saber que llegó el día en que llega su katun. Despertaos, amaneceos, que se asienta ya el katun de la Flor de Mayo. Tres lunas hace que está ya presente el Yuma Netziuit Kuk Yaxum, Señor-del-agua-arruinador-de-la-cola-del-Quetzal, del-pájaro-verde-Yaxum;

presente está ya su rostro en el ave, presente está ya el Bolon Uitz, Nueve-cerros, el Yuma Netziuit Kuk Yaxum, Señor-del-agua, Arruinador-de-la-cola-del-Quetzal, del-pájaro-verde-Yaxum. Nadie entenderá los días de penitencia que se manifestarán en el poder que viene. Nadie entenderá cómo vienen ahora las penitencias que privarán en el poder del decimosegundo katun que dice ya su nombre. Será cuando venga el juez [*sic*] de Ebula, Agua-que-inunda-la-escalera; será el tiempo del bastón de oro[17] y será el tiempo de la cera blanca. Su sustancia será cera y por la cera bajará la justicia [*sic*] del cielo, ocasión de que suban los cristianos. Cuando os hundáis y os amanezca, entonces lo vendréis a entender, cuando sea el moverse del cielo y la tierra al término del katun de la Flor de Mayo que llega ahora a regaros con sus Flores y a hacer nacer una sola voluntad de que pidáis mujeres para cohabitar."

Entonces habló el Chilam Balam, Brujo-Intérprete: "Desde ahora, Oh Halach Uiniques, Jefes, llega el día en que dice su nombre el decimosegundo katun. Vedlo, de Jaguar es su cabeza, rotos tiene los dientes; de Conejo su cuerpo, de Perro su cuerpo. Atravesada tiene la lanza en su cuerpo y en su corazón. Sin embargo, dulce es su bebida, sabrosa su comida; de nada hablará, de nada escuchará sino de desvaríos de lascivia, tal es su palabra. En ninguna parte han de entregarse las hijas de Cuchlum Idzinil, Hermandad-de-hermanas-menores; saldrán de esta provincia, habrán de irse las hijas de Cuchlum Idzinil, Hermandad-de-hermanas-menores,[18] porque va a ser el tiempo en que paran las mozas doncellas, las no casadas, un día tras otro.

"Preparaos, apercibíos, vosotros, Hermanos Mayores, y vosotros, Hermanos Menores, a padecer y a sufrir la carga del katun, porque si no la padeciéseis caería sobre vuestros pies, se enredaría en vuestros pies y vosotros haríais el papel de venado[19] [*víctima*]. Si no la padecieseis roeríais las raíces y el tronco de los árboles y las hojas de los yerbazales. Si no la padeciéseis, serían las mortandades de venados [*víctimas*] para que pudiera brotar el pan de maíz del pueblo.

"Cuando venga ese tiempo, aquí, al céntro del país llano Maycu, Venado-tecolote, Mayapan, Estandarte-venado, la dicha Siyancaan, La-famosa, a esta provincia que tendrá el nombre de Yucatán como se le dirá cuando venga distinta enseñanza en otro katun que ha de pasar de regreso por vuestros pueblos. Pero no sólo ha de ser su lugar aquí, sino también entrará el zopilote a las casas y será también el tiempo de la muerte violenta a las gentes animales.

"Cuando se asiente en su Estera este poder, de sólo pecado será su palabra, de sólo pecado será su enseñanza; katun será de pecado, de tres porciones será la sustancia de los frutos del árbol ramón que será el pan del katun de la Flor de Mayo. Ésta es la carga para el día que se asiente: de trece capas será la Estera del gran mamador adúltero. Será el tiempo en que venga la burla de seis partes y de tres veces vendrá la burla de la llegada del juez [*sic*] en el tiempo en que el bastón de oro sea el símbolo de la justicia, y sea la cera blanca lo que trueque, y sea la cera blanca por donde baje la justicia del cielo, ocasión de que suban los cristianos ante su justicia. Esto será entendido cuando en seco se muevan el cielo y la tierra.

"Muy doloroso viene el término del katun de la Flor de Mayo, porque aún no habrá acabado cuando se volteen hacia arriba las raíces de los árboles y tiemble toda la provincia. Traicionada terminará la palabra del katun de la Flor de Mayo, así que no hay razón para que deis vuestros infantes a su arzobispo [*sic*]; cuando venga, iréis a esconderos al monte. Pero si los entregáis, que sea siguiendo al verdadero Dios del Cielo [*sic*], Cristo llamado, que estará presente cuando sea el término de la visita del katun a vosotros, y el término de esparciros flores y tomar esposas [*sic*].[20] Ese día lo conoceréis porque se muevan los cielos, y la tierra camine.

"Muy dolorosamente terminará la humanidad de la Flor de Mayo según dicen las pinturas de las superficies de los muros;[21] entonces diréis que también son santas y creeréis en su santidad. Aquel que sea sabio entre nosotros será el que comprenda esto; aquel que finalice su existencia gozando del cristianismo cuando éste sea comprendido por la gente. Quizás sólo 14 años (o katunes) sean Batabes, Los-del-hacha, las Zarigüeyas-ratones, Zarigüeyas-ratones Batabes, Los-del-hacha, porque entonces llegará para siempre el hijo." Dijo y sacó el libro de sus Siete-generaciones, para que lo leyesen los Ah Kines, Sacerdotes-del-culto-solar, durante tres días, pasándoselo mutuamente los Ah Kines, Sacerdotes-del-culto-solar. Primeramente el Yaaxche libro, Libro-de-la-ceiba, le fue dado a Ah Xupan Nauat, El-nahua-del-estandarte-de-turquesa; a Ah Kin Ch'el, Sacerdote-del-culto-solar-pájaro-Ch'el; a Ab Napuctun, El-Piedra-fina-de-línea-materna-llamada-Puc, y a Nahau Pech, Garrapata-de-línea-materna-llamada-Hau. Estaba puesto el libro de las siete generaciones en el gran altar, el altar donde oraban Ah Kin Pech, Sacerdote-del-culto-solar-Garrapata, y Ah Kauil Ch'el, El-santo-pájaro-Ch'el, cuando oraban en el gran altar, en la gran mesa. Al término del katun se juntará otra vez el doblez de los katunes que vienen. "Eternamente se oirá mi voz, la del Chilam Balam, Brujo-intérprete, explicando la palabra de Hahal Ku, Verdadera-deidad."

Así será el fin de los hombres de la Flor de Mayo: se les pedirán las pruebas a sus Señores que gobiernen la tierra; si no las supieren, saldrán al monte y al pedregal a buscar su fuerza. Entrarán en calma los pueblos cuando ya no haya Ch'amaques, Zorras mordedoras, sino hasta que llegue el 9 Ahau Katun. Cinco años faltan para que termine mi mensaje y llegue el día en que baje el tributo y la agonía de la miseria a los restos de los hijos del gran Itzá, Brujo-del-agua, para que sea el mero final de los mamadores.

"No habrá Ah Kin, Sacerdote-del-culto-solar, que declare la carga del katun; ciega tendrán su vista por obra del katun de la Flor de Mayo; el pensamiento y el entendimiento, la sabiduría, el día y la noche serán del katun de la Flor de Mayo. Esto es lo que os interpreto. De llanto fueron mis palabras, yo, el Chilam Balam, Brujo-intérprete de Hahal Ku, Deidad-verdadera del cielo. Recordadas serán cuando llegue el tiempo del katun en que se alivie la miseria que quede de los hijos del Itzá, Brujo-del-agua."

PROFECIA LLAMADA "INTERPRETACIÓN DE LA LLEGADA DE LOS EXTRANJEROS ESPAÑOLES POR LOS AH KINES EN UN KATUN 13 AHAU"*

La interpretación de los Ah Kines, Sacerdotes-del-culto-solar, las profecías de los grandes sabios, los

* Sólo ha sido publicada la versión del Libro de Chilam Balam de Chumayel en Médiz Bolio (1930) y en Roys (1933).

grandes Ah Kines, Sacerdotes-del-culto-solar, el augurio y pronóstico de los Ah Bobates, Profetas, y del Chilam Balam, Brujo-intérprete, Ah Xupan Nauat, El-nahua-del-estandarte-de-turquesa, para el 13 Ahau.

Ah Xupan, El-del-estandarte-de-turquesa, es el nombre del que tenía a su cuidado el gran libro de los siete linajes por cuya causa vino, le echó culpa el Señor del Universo. El libro de los siete linajes le fue despojado por el Precioso Señor Celestial en el imperio de la esclavitud, mundo de abajo de Luzbe, cuando fue el comienzo del Señor del Universo. ¡Ay! En el octavo año del 13 Ahau los Ah Kines, Sacerdotes-del-culto-solar, profetizaron porque comprendieron cómo habrían de venir los extranjeros españoles; lo leyeron en los signos de sus papeles y por eso comenzaron a decir: "Verdaderamente los haremos amigos nuestros y no les haremos guerra", diciendo además: "A ellos se les pagará el tributo". Así declararon los Ah Kines, Sacerdotes-del-culto-solar, y los Ah Bobates, Profetas, por la lectura en sus papeles de las ruedas y monumentos del katun, diciéndolo a los pobladores y a los guerreros. Tres años faltaban para que llegaran cuando habló Ku, Deidad, a los Ah Bobates, Profetas. Ese demonio les dijo: "Holcanes, Guerreros, cuando sea el amanecer del 13 y del 7, alzad vuestra guerra." Así les dijo el demonio llamado Ah Uuc Satay, El-siete-muerte, obispo [sic] del demonio, el que reside en Chuncaan, Base-del-cielo, Ichcaansihó, Faz-del-nacimiento-del-cielo, lugar en que residía el consejo, en Chuncaan, Base-del-cielo,[22] lugar de Ah Uuc Satay, El-siete-muerte. Les dolía el corazón porque vendrían los extranjeros y terminaría el imperio del demonio, por eso leían sus papeles los nefastos Ah Kines, Sacerdotes-del-culto-solar, falsos curas, buscando cómo vendría la culpa por la voluntad del Señor Universal, el que está Arriba, el universal Dios de la tierra según dicen, porque comprendían el mensaje del katun y la totalidad de la sobrecarga que vendría sobre las vidas del Itzá, Brujo-del-agua, porque miseria y dolor es lo que conquista Su alma y vive para el bien recreándose en la miseria y en el sufrimiento de todas las cosas.

Xupan Nauat, Nahua-de-estandarte-de-turquesa, es el nombre de quien explicó el orden del mundo, juntamente con Ah Kin Ch'el, Sacerdote-del-culto-solar Ch'el, y de Nahau Pech, Garrapata-de-línea-materna-nombrada-Hau, y de Ah Napuctun, El-piedra-fina-de-línea-materna-nombrada-Puc, y de Nacom Balam, Sacrificador-que-extrae-corazones-brujo, y de Chilam Balam, Brujo-intérprete. Ésta es la memoria de los Ah Kines, Sacerdotes-del-culto-solar. Cómo supieron el orden de las cosas del katun y del primer año tun del katun. Mayapan, Estandarte-venado, será el asiento del Trece Ahau.

CUCEB O RUEDA PROFÉTICA DE LOS AÑOS TUNES DE UN KATUN 5 AHAU*

Año [1º] 13 Kan

13 Kan, Piedra-preciosa, 1 Poop, Estera. Entonces fue tomado el ídolo de barro del Katun 5 Ahau en el año cristiano de 1593. El día 15 Tzeec dice su nombre y aquí declaramos la carga que viene. El día que se tome este katun, Mayapan, Estandarte-venado, será el lugar donde se cambie el katun, donde

---

* Véase la nota introductoria a los textos proféticos.

baje el agua del Quetzal, del pájaro verde Yaxum, cuando serán devorados hijos de mujer, hijos de hombre; será el tiempo de los grandes amontonamientos de calaveras, y del amanecer y del permanecer alertas cuando vengan las grandes destrucciones de las albarradas y será resellada la superficie del tronco de la ceiba.[1] Será entonces cuando se sequen las fuentes de agua y será entonces cuando Thuul Caan Chac, El-Chac-que-chorrea-serpientes, se yerga hasta el fin de las aguas profundas y en los pantanos. Triste estará Ix Dziban Yol Nicté, La-flor-de-corazón-pintado, durante el transcurso del katun, porque otro poder vendrá a manifestarse, poder nacido en el cielo. Esto acontecerá durante el transcurso del año tun 13 Kan entre los años de 1593 y 1594.

AÑO [2º] 1 MULUC

Cuando se asiente 1 Muluc, Inundación, se hablarán entre sí las montañas sobre la redondez de la tierra, por sobre Uuc Chapat, Siete-ciempiés-escolopendra.[2] Siete será su carga, de siete grados su sobrecarga. En este segundo año tun se perderán las bragas-ceñidores, se perderán las ropas, ropa será de generaciones estériles. Arrebatado será su pan, arrebatada el agua de su boca.

AÑO [3º] 2 IX

2 Ix, Jaguar, será el tiempo de la pelea violenta, el tiempo en que arda el fuego en medio del corazón del país llano, en que ardan la tierra y el cielo; en que haya de tomarse el espanto como alimento; el tiempo en que se implore a los cielos. Perdido será el pan, perdida la limosna; llorará Cuy, Lechuza,

llorará Icim, Buho, en los caminos vecinales por toda la extensión de la tierra, por toda la extensión de los cielos. Se alborotarán las avispas, se alborotarán los míseros en el imperio de Ah Bolon Yocté, El-nueve-pata-de-palo, Ah Bolon Kanaan, El-nueve-precioso. Decaída estará la faz de la sabana, destruidas las murallas. Será el tiempo en que se corte el linaje de los descendientes falsos cuando se yerga sobre la tierra, se yerga sobre el país llano, Buluc Ch'abtan, Once-ayunador, el hijo de Ah Uuceb, El-siete-montañas. A las orillas del mar tendrá abiertas sus fauces el terrible Ayin, Cocodrilo; tendrá abiertas sus fauces el maligno Xooc, Tiburón. Será el tiempo en que se amontonen las Xuxob, Avispas, sobre los restos del agua, sobre las sobras de alimento. Hasta el tercer doblez del katun reinará el 5 Ahau del tercer año tun.

AÑO [4º] 3 CAUAC

3 Cauac, Trueno, será el tiempo en que salgan de su pozo, de su gruta. Irán a solicitar su limosna, irán sus voces recorriendo la noche para mendigar su agua. ¿Dónde beberán su agua? ¿Dónde comerán siquiera sobras de pan? Sobrecogidos estarán sus corazones por Ah Uucte Cuy, El-siete-lechuza, Ah Uucte Chapat, El-siete-ciempiés-escolopendra. Será el tiempo en que se coman árboles y se coman piedras. Llorarán los del pozo, llorarán los de la gruta. Pero la Flor de Mayo se señalará y de Flor de Mayo será el pan cuando tome su carga el tercer año tun, del trece Ahau. Buluc Ch'abtan, Once-ayunador, será el que quite la carga del 9 Ahau cuando termine de ir golpeando con su carga cabeza abajo al terminar de reinar. Así acontecerá en el 3 Cauac, Trueno.

4 Kan, Piedra-preciosa, será el día en que decline el Katun 5 Ahau. Será el tiempo en que se amontonen las calaveras y lloren las Moscas en los caminos vecinales y en los descansaderos de los caminos vecinales. Cuando se alce su poder, llorará Cuy, Lechuza, llorará Icim, Buho, llorará Ah I, Cuclillo. Vendrá la mofa al maligno Xooc, Tiburón; hundidos estarán los árboles, hundidas estarán las piedras. Cuando esté presente Ah Uuc Chuah, El-siete-alacrán,[3] arderá la cara de la tierra, y croarán las ranas Uo al mediodía en sus pozos. El 4 Kan, Piedra-preciosa, tomará su palabra cuando venga el otro poder sobre el Jaguar blanco, sobre el Jaguar rojo, sobre Maycuy, Tecolote-venado, cuando en el quinto año tun del 5 Ahau venga Al Buluc Ch'abtan, El-once-ayunador, a decir la palabra del Sol, la palabra que surgirá del signo jeroglífico para que acontezca el llanto de los grandes Itzaes, Brujos-del-agua. Entonces dirá su carga, cuando rija el hilo del día y de la noche. Entonces será cuando se devoren entre sí las Zarigüeyas-ratones, y los Jaguares, cuando llegue este nuevo poder en el 4 Kan, cuando se mueva el cielo y se mueva la Tierra, cuando se arrimen entre sí el Sol y la Tierra sobre el Petén, país llano, ombligo del katun. Cuando llegue, esto será lo que merezca el tiempo del katun.

Año [6º] 5 Muluc

5 Muluc, Inundación, será el tiempo en que tome camino, en que desate su rostro y hable y vomite lo que tragó y suelte su sobrecarga el 5 Ahau en 5 Muluc. Entonces será el tiempo en que haya pan de maíz aun más allá de la provincia; sólo reinará

el poder del agua según declara su palabra. Licenciosa será su carga y despótico su imperio; presente estará en el pantano, presente en los charcos. Flor de Mayo será la bebida en el día, en la noche, en el agua profunda, sobre la faz del mundo, cuando reine totalmente. Entonces saldrán de su pozo y de su gruta. Así acontecerá a los Itzaes, Brujos-del-agua, cuando se alcen del rigor de su miseria y salgan por las tierras boscosas y los pedregales a decir su palabra a la justicia del Sol, a la justicia del katun.

Año [7°] 6 Ix

6 Ix, Jaguar, será el tiempo en que caiga el orden de las unidades del katun, cuando sea el despojarse de bragueros-ceñidores, el despojarse de ropas, días de ayuno y penitencias.[4] Será entonces el tiempo en que contemple el cielo desde la faz de la tierra el Jaguar; habrá llegado el tiempo en que las pléyades sean vistas por el que tiene la Estera y por el que tiene el Trono; el tiempo en que vomite lo que tragó, lo que pasó por su garganta cuando todavía no se le obstruya con las limosnas que reciba, cuando traicionen los hijos de Ah Maax Cal, El-Mono-vocinglero. Cuando voltee sus bragas Maax Kin, Mono-del-sol, Maax Katun, Mono-del katun, estantigua, monigote del mundo. Cuando digan su palabra los de las bragas rojas por el norte y por el poniente, y cuando se venda a los hijos de Uuc Suhuy Sip, Siete-virgen-ofrenda.

Licenciosa será la palabra, licenciosa la boca. Será el tiempo en que se haga música en la tierra y suenen las sonajas en el ciclo al irse ordenando las unidades de que consta el tiempo del katun. Pero a la vuelta completa del katun se desgarrarán, se romperán violentamente los cielos, y las nubes quedarán frente al Sol juntamente con la Luna, totalmente.

A nadie haz de entregarte tú, huérfano de madre, tú, huérfano de padre,[5] en el doblez del término del katun. Perdido será el signo jeroglífico y perdida será la enseñanza que está detrás de él; entonces será cuando se recoja la hojarasca de encima de nosotros y se quiten los bragueros-ceñidores y la ropa, y no se presten máscaras ni casas.

Año [8°] 7 Cauac

El 7 Cauac, Trueno, será el octavo año tun en Uno Poop, Estera, cuando sea el doblez. Entonces será cuando tome tizne Maax Kin, Mono-del-sol, Maax Katun, Mono-del-katun, y sea el amontonar calaveras, y sea cuando se desgarren las espaldas mutuamente los Jaguares rojos; el tiempo en que se les destrocen los dientes y el tiempo en que se le zafen las garras al Oso Melero Cabcoh. Hincado estará de rodillas y pondrá a la vista las plantas de sus pies y de sus manos, deseando pan, ansiando agua. Rabioso estará el rostro de Buluc Ch'abtan, Once-ayunador, cuando se levante y apague con fuego lo que reste de los Itzaes, Brujos-del-agua, en el tercer doblez del katun.

Año [9°] 8 Kan

8 Ahau en Uno Poop, Estera, noveno año tun del Cinco Ahau. Será el tiempo en que se esté encuclillado en su gruta porque arda lo alto de los cerros, y arda la superficie de la tierra, y ardan los barrancos, y se encienda el fuego en los grandes zacatales, y ardan las orillas arenosas del mar, y ardan las

semillas de la calabaza Şicil y ardan las semillas de
la calabaza K'um; y arderá también el Macal, Ñame,
en este término del katun. Será en Ichcaansihó,
Faz-del-nacimiento-del-cielo, donde se encoja para
soportar su carga Ah Itzam, El-brujo-del-agua, en
donde reciba carga dura y dolorosa. Estallarán las
lajas, silbará la perdiz, silbará el venado en la faz
de la sabana. Esparcida será Ix Kan Itzam Thul,
La-preciosa-bruja-del-agua-a-chorros, en las sabanas,
en las montañas, a la vista de los sabios; presente
estará Ah May Cuuc, El-venado-ardilla, presente estará en las montañas en este tiempo del katun.
Blanqueada será la carga del año, blanqueada la
ropa, blanqueados los bragueros-ceñidores.

Tendrá agua para que beba y pedirá a gritos su
lugar en los restos del Sol, el Buluc Ch'abtan, Once-
ayunador, en el onceno tun. En el onceno año tun
acontecerá.

Año [10º] 9 Muluc

9 Muluc, Inundación, en Uno Poop, Estera. Entonces tomará nombre el 5 Ahau y dirá su palabra Ah
Uuc Yol Sip, El-siete-corazón-ofrenda.[6] Entonces
será la época en que se multipliquen los recién
nacidos y se multipliquen los mozos; será el tiempo en que engendren los ancianos y conciban las an-
cianas. Tiempo será de muertes, destructor será
el poder en toda la redondez de la tierra de Maax
Kin, Mono-del-Sol, Maax Itzaob, Mono-de-los-Itzaes-
brujos-del-agua. Entonces será el imperio de Tzintzin Coc Xul, Concha-de-tortuga-musical-de-vara, y de
Tzintzin Bac Toc, Hueso-musical-tostado, los de llo-
roso rostro, los de rostro descarnado. Ensangrentados quedarán los caminos al norte y al poniente
Con la mirada en alto, erguido el cuello, estará Ahau

Can, Serpiente-Señor. Alzado tendrá el palo, alzada la piedra sobre su madre y su padre Ah Uuc Yol Sip, El-siete-corazón-ofrenda, el siete grados envidioso, el siete grados pedigüeño y mendigo. De doble culpa será el rostro del katun. El regocijo y el desorden serán manifiestos, pero cuando termine, diferente será lo que se manifieste a la juventud recorriendo la noche, recorriendo el día por la superficie de los cielos cuando venga el noveno año tun.

Año [11º] 10 Ix

10 Ix, Jaguar, en Uno Poop, Estera, del 5 Ahau. Bajarán del cielo los abanicos y los ramilletes celestiales para que huelan los Señores. Apuntará con el dedo, se erguirá el día que tome posesión de su imperio, del vaso, del Trono, de la Estera, del Banco, Amayte Ku, Cuadrado-deidad. Cuando se siente a comer arrebatará el poder, arrebatará el vaso, arrebatará el plato; así se declara en la superposición de los años tunes, cuando sea el tiempo en que su Estera y su Trono cambien y salgan por las tierras boscosas y por los pedregales a decir su palabra y su enseñanza.

Nacerá entonces otra jícara en la cual beba, y el día en que desate su rostro, amarga será su jícara, amarga será su bebida cuando venga el orden a las Esteras y beba el Jaguar de otra agua y sea Piltec [*Piltzintecuhtli*] quien reciba la limosna cuando las serpientes se anuden unas a otras de las colas. Entonces Ah Uuc Yol Sip, El-siete-corazón-ofrenda, Ah Toc Dzudzil, El-bastardo-marchito, conocerán el fuego. Perdida será su agua y perderá por arrebatamiento el resto de su Estera, de su vaso y de su plato, cuando impere la durísima rodilla[7] del Ah Kin, Sacerdote-del-culto-solar, de Ah Coctun Numya,

El-pedernal-que-da-desgracia-y-dolor. Cuadrado será entonces el rostro del padre de los Señores de la Estera y del Trono, los que darán su lugar al cielo. Esto será lo que contemple Buluc Ch'abtan, Once-ayunador: cómo el alma de Ah Siyah Tun Chac, El-Chac-de-los-manantiales-labrado-en-jade, llora totalmente al tiempo del regreso del katun; cómo llora Ahau Tun, Señor-de-jade, Ah Nitoc, El-bastardo-narigudo, Ah Ni Poop, El-de-la-nariz-como-estera, Ah Maycuy, El-tecolote-venado. Será entonces el amanecer y la bajada de Ah Kinchil, El-de-rostro-solar, Ah Chac Chibal, El-gran-devorador-de-carne.

Será en el 10 Ix cuando lleguen los grandísimos padecimientos y miserias para los Itzaes, Brujos-del-agua, y de todos sus hijos, aquí en la provincia de Siyancan Mayapan, La-famosa-del-estandarte-venado; allí será cuando se acaben y consuman. Al fin del año tun 10 Ix, vestirá cortezas y sentirá la sobrecarga Yal Maax, Generación-de-Monos; resellado será el tronco de la ceiba y suspendidas estarán las cazuelitas de barro cuando le toque pedir su limosna a Ah Piltec [*Piltzintecuhtli*]; cuando venga a tomar su limosna de los mendigos, del miserable, cuando tome su limosna en los caminos vecinales, en los descansaderos de los caminos vecinales. Entonces será cuando baje la carga a las montañas y a Maycuy, Tecolote-venado. Acontecerá aquí en Mayapan, Estandarte-venado, aquí en May Ceh, Pezuña-del-venado, en Xau Cutz, Garra-del-guajolote-silvestre; aquí pasará todo hasta el fin. Éste es el katun en que danzará Chac Dzidzib, Pájaro-cardenal, Chactun Pilix, Cola-roja, en la mesa pétrea, la que está en medio de la llanura; así ocurrirá en el katun porque son éstas las aves que anuncian al Halach Uinic, Jefe. Será cuando brinque y dé volteretas el Quetzal, el pájaro verde Yaxum, el ave

109

de los Señores. **Terminará** entonces el poder de Buluc Am, Once-piedra-labrada. Aquí será cuando acabe May Ceh, Pezuña-del-venado; acabará todo y dirán: "Pasó aquí el pueblo de los Itzaes, Brujos-del agua."

Les había sido dicho por *Moctezuma* Utunil Itzaob, Moctezuma-la-piedra-labrada-de-los-brujos-del-a g u a, porque Ah Buluc Am, El-once-piedra-labrada,[8] era el nombre que le daban, que en aquel katun se irían, porque en ese katun pasó lo de Hapai Can, Serpiente-tragadora.[9] Fue entonces cuando se amontonaron unas con otras y gritaron las Bech'ob, Codornices, en la rama de la ceiba.[10] Será entonces el fin de la mendicidad y de la codicia en la época del 5 Ahau, será entonces cuando se asiente boca arriba el vaso y se extienda la Estera y será cuando el gobierno se cambie a los Ah Kines. Secerdotes-del-culto-solar. Entonces cambiarás tus bragas-ceñidores, cambiarás tu ropa, cambiarás tu vestido. Ésta será la carga del onceno año tun cuando salgan de su pozo, de su gruta.

Año Tun [12º] 11 Cauac

11 Cauac, Trueno, en Uno Poop, Estera, el decimoséptimo año tun. Éste será el tiempo en que impere Ah Cakin Poop, El-de-la-Estera-de-dos-días, y Ah Cakin Dzam, El-del-Trono-de-dos-días. Asentado estará el vaso de Ah Okol Koh, El-de-la-máscara-que-llora, porque se erguirá Ah Koh Bacab, El-vertedor-de-la-máscara, Ah Cantzicnal, El-de-los-cuatro-rincones, cuando venga. En el decimoséptimo año tun del katun, visible estará Ah Cantzicnal, El-de-los-cuatro-rincones, Ah Can Ek, El-cuatro-oscuridad,[11] Ah Sac Dziu, El-tordo-blanco. Será el tiempo en que se manifieste Ah Cantzicnal, El-de-los-cuatro-rinco-

110

nes, y tome su oficio Ix Tol Och, La-ventruda-zarigüeya; será el tiempo en que el katun remoje la
corteza para el vino; pero en el once Xul, entonces
saldrá otra palabra, otra enseñanza, y se implorará
entonces a Ku Caan, La-deidad-del-cielo, y será entonces el tiempo en que las serpientes se unan unas
a otras por la cola y se tomen nuevas bragas-ceñidores y nuevas ropas y nuevos Señores de la Estera
y nuevos Señores del Trono a la faz del cielo.

El reinado que viene ahora en camino tomará el
oficio de Chac Bolay Can, Gran-carnicera-serpiente,
Chac Bolay Ul, Gran-carnicero-caracol-terrestre; será
cuando se manifieste el Itzá, Brujo-del-agua, en el
Corazón del Monte, en el corazón de la maleza, y
cuando grite el alma de Siyah Tun Chac, Chac-la-
brado-en-jade-de-los-manantiales: serán los días de
miseria en el katun por el exceso de dolor que hagan
sufrir los hijos de los Itzaes, Brujos-del-agua, a los
hijos del día, los hijos de la noche. Entonces será
el tiempo en que se amontonen las Xux, Avispas,
arriba de los árboles y de la maleza, y se amontonen
las Chac Uayab Cab, Rojas-dañinas-hormigas-mele-
ras, sobre vosotros los abejas Ah Num y los abejas
Sactanil.

Año [13º] 12 Kan

12 Kan, Piedra-preciosa, en Uno Poop, Estera. En
el decimotercero año tun será el día que diga su
palabra el Sol, cuando se hablen mutuamente los
zopilotes: los hijos del día a los hijos de la noche,
en el cielo y en la tierra; será en este decimotercero año tun cuando ardan los cielos, y la tierra
tenga fin de la codicia. Así ha de suceder por el exceso de soles: y vendrán los ruegos a Hunab Ku,
Deidad-única, para que su majestad tenga compa

sión. Siete serán los años de sequía: estallarán entonces las lajas, arderán los nidos de las aves arriba, arderá la savia del zacatal en la llanura y en los barrancos de la sierra. Entonces volverán a la gruta y al pozo a tomar su comida de espanto, y entonces rogarán a los Ah Kines, Sacerdotes-del-culto-solar, que se ajusten la preciosa manta a la espalda, con el cinturón de trece nudos. Cuadrado será entonces el rostro del Ah Kin, Sacerdote-del-culto-solar, cuando en este katun entren de nuevo a su pozo, a su gruta, y hagan más intensas sus imploraciones en la gruta, y den muerte martirizándolo al Señor que tiene la Estera, que tiene el Trono, como fin de la codicia y el robo; será cuando regresen a su gruta, a su pozo de nuevo y venga nueva sabiduría, nueva palabra. Así lo dijo el gran Chilam Balam, Brujo-intérprete. Así como puede suceder puede no suceder, pero lo verán por detrás y por delante los del linaje de los Itzaes, Brujos-del-agua, en la gravísima miseria que se asentará y acontecerá en la tierra Sacnicteil Mayapan Cuzamil, Lugar-de-las-golondrinas, Estandarte-venado, Lugar-de-la-flor-de-mayo-blanca; cuando les acontezca en la boca del pozo, en la boca de la gruta y en la extensión de las sabanas. Será el tiempo en que se desbaraten las albarradas y venga la destrucción sobre la grandeza del mundo, sobre la superficie de las montañas por la avidez del Maax Kin, Mono-del-sol, del Maax Ah Itzá, Mono-de-los-Itzaes, Brujos-del-agua. Entonces será cuando diga su palabra el sin padre y el sin madre en el tiempo del katun, en que diga su palabra el linaje Itzá, Brujo-del-agua, durante el cinco Ahau en el decimotercero año tun, cuando acontecerá la adoración de Sum Ci, Cuerda-de-henequén,[12] como divisa que ha de admirarse en el katun. Reirá la Máscara de Madera. Cuatro serán sus vasos asentados, cuatro serán sus platos asentados, cuatro serán sus bancos asentados en el 5 Ahau Katun, en el decimotercero año tun.

El decimocuarto año tun 13 Muluc, Inundación, en Uno Poop, Estera. Uno Oc será el día en que el poder baje de la Estera y baje del Trono. En el decimocuarto año tun será cuando venga el gobierno de muchos en los restos de la sabiduría. Grandes serán sus jícaras, grandes sus vasos, grandes sus platos en los que tomen en común las sobras de agua que andan pidiendo de limosna, las migajas de las sobras del pan de maíz, las sobras de la limosna, eso será lo que coman en común. En este 5 Ahau Katun estará presente el enorme Ayín, Cocodrilo; entonces será cuando se asiente la presencia de Ho Habnal Tok, Cinco-pedernales-afilados, en el katun. Sucederá en Chacnacultun Ichcaansihó, Lugar-de-los-grandes-montones-de-piedras-labradas-recostadas, Faz-del-nacimiento-del-cielo, Saclactun, Piedras-blancas, en medio de la llanura, en el corazón de Chakan, país llano. Será el tiempo en que el katun señale con el dedo la provincia Itzá, Brujo-del-agua; caerá en el centro de la llanura, buscarase entonces a los hijos del día y a los hijos de la noche. Como puede no suceder, puede suceder. Ésta es la palabra para ti, el sin madre; para ti, el sin padre.

El decimoquinto año tun en Uno Poop, Estera, en el katun. Entonces será cuando se encrespe Ah Xixteel Ul, El-rugoso-caracol-de-tierra, juntamente con el maligno Xooc, Tiburón, porque el fuego les pegará y será entonces cuando se anuden unos a otros los tiburones de la cola, y pegue el fuego en el cielo y en las nubes. Será entonces cuando se mueva el cielo y se cubra la faz del Sol y se cubra la faz de la Luna. En este decimoquinto año tun morirá Xiuit, Yerba,[13] para la Máscara de Madera, porque insolente fue con su madre, insolente fue con su padre e insolente fue su numeroso linaje de infantes y mozos. Morirán sus restos de Halach Uiniques, Jefes; no tendrá ya sustitutos la nobleza ni tendrá sustitutos el jade, piedra preciosa. Morirá el maligno Xooc, Tiburón. Será entonces cuando se padezca y cuando se amontonen las calaveras. Nadie volverá a pensar en días festivos y de regocijo durante el katun, cuando desaparezcan los Itzaes, Brujos-del-agua, por el norte y por el poniente; porque discordia y oposición devoran los jaguares de los cerros. En el decimoquinto año tun será el padecimiento del katun cuando vengan las Xulab, Hormigas-carniceras, y las Chacuayabcab, Hormigas-carniceras-meleras, a causar la ruina de los del pozo, la ruina de los de la gruta, para que caiga la carga de su Halach Uinic, Jefe. Así lo dicen las sagradas pinturas y signos que los Ah Kines, Sacerdotes-del-culto-solar, vieron en las piedras enhiestas, estelas de los katunes, cuando examinaron cómo venía la carga del katun que libraría a Hun Ahau, Uno-señor, cuando les dio a leer el libro de los siete linajes a los idólatras de Ah Buluc Am, El-once-piedra-labrada. En el decimoquinto año tun acontecerá. Perdidos serán entonces los Batabes, Los-del-hacha, advenedizos, y caerán de su cargo los Halach Uiniques, Jefes, advenedizos, en el decimoquinto año tun.

El decimosexto año tun día 2 Cauac, Trueno, en Uno Poop, Estera, serán medidos los katunes porque es el fin del 5 Ahau. Bajarán entonces navajas, bajarán piedras y estará patente la cuerda y la flecha en este decimosexto año tun. Entonces andarán a cuatro patas en sus milpas, a causa de la mirada de águila de Ah Tzay Kanche, El-certero-escabel, Ah Kay Kin Bak, El-que-vende-carne-de-día, Ah Tooc, El-quemador, Ah Dzuudz, El-enjuto. Entonces será cuando termine de molerse el jade, termine de molerse la piedra preciosa. Y se pudrirán las flechas cuando esté presente Kinich, Rostro-del-Sol, con Buluc Ch'abtan, Once-ayunador, para contemplarlos. Asentado estará su linaje sobre los dominadores extranjeros, sobre los del vestido de fiesta de los cerros. No tomarán ya su limosna las Ix Titibe, Maestras. Entonces será el tiempo de la muerte súbita, la que pega y derriba, la que derriba y golpea sacando vómitos de sangre, la que ablandará las amarras del katun. En 5 Ahau caerá este katun y en este mismo año será la destrucción de las milpas del Itzá, Brujo-del-agua. Atado quedará a un árbol Co Kin, Burla-del-Sol,[14] del Itzá, Brujo-del-agua; no caminará de día ni caminará de noche, sino que vuelcos dará el corazón del burlador del katun. Será entonces cuando le sean quitadas sus insignias a Ah Cantzicnal Bacab, El-vertedor-de-los-cuatro-rincones, entonces acabará su poder en el 2 Cauac, Trueno, cuando tiemble la tierra y salga de cabeza el katun, el katun de Ix Tol Och, La-ventruda-Zarigüeya, de la cuenta del juego del katun. Esto se entenderá si hubiere un Ah Kin, Sacerdote-del-culto-solar, con alma íntegra y santa.

Año [17º] 3 Kan

El decimoséptimo año tun 3 Kan, Piedra-preciosa, en Uno Poop, Estera, ata la carga del katun. Vendados también tendrán sus rostros los Señores de la tierra durante su reinado porque no conocerán el juego del Katun 3 Kan. Despojados serán de sus manchas los jaguares rojos y los jaguares blancos, arrancadas les serán las uñas y los dientes a los jaguares de los Itzaes, Brujos-del-agua. Esto será cuando vengan grandes inundaciones y poderosos vientos y patente esté el rostro de Ku, Deidad, en la Estera y en el Trono y vaya y contemple su imagen en el árbol y en la piedra, y se marchen su Jícara y su Banco y su Estera, cuando tome su camino el 3 Ahau y venga el cambio de poder en su reinado y se cambien los Ah Kines, Sacerdotes-del-culto-solar, en el cambio del katun, y venga el cambio del vaso y el cambio del plato y el cambio del gobierno, cuando se unan los Ah Mol Box, Los-juntadores-de-cortezas-para-preparar-el-vino-cere-monial,[15] al venir otra palabra, otro poder por el norte y por el poniente. En el decimoséptimo año tun regresará nuevamente al país el reinado del Katun 5 Ahau por detrás y por delante.

Año [18º] 4 Muluc

El decimoctavo año tun 4 Muluc, Inundación, es el tiempo en que el katun se agrega a otro, el tiempo en que se hace un conjunto de katunes para enterrarlos. Blanquearán entonces los huesos porque éstos serán años fieros y amontonará calaveras Ah Ox Kokol Tzek, El-tres-amontonador-de-cráneos, el barredor del país llano. Asolarán el país soles excesivos y muertes súbitas, días de sed, días de hambre. Faltará el agua, se secarán los manantiales y

116

las venas de la tierra. Ensangrentados quedarán los caminos, ensangrentados quedarán los descansaderos, gritará la gente a la puerta de sus poblados por causa de Buluc Ch'abtan, Once-ayunador. Buluc Chuen, Once-mono-artífice, será el patrono en el poder. Llorará Ku, Deidad, llorará el mundo; será cuando recuerden sus linajes maternos y sus linajes paternos y los tres dobleces de katun pasados desde que murieron· perdidos en los bosques y bajo las malezas por causa del poder del Sol según sus historias y tradiciones. Así ocurrirá en el decimo-octavo año tun, así aparecen los signos en el libro de los siete linajes que vio el Ah Kin, Sacerdote-del-culto-solar, Chilam Balam, Brujo-intérprete, cuando leyó la rueda de los katunes en compañía del Ah Kin, Sacerdote-del-culto-solar, Napuctun, Piedra-labrada-de-línea-materna-llamada-Puc, Ah Kin, Sacerdote-del-culto-solar, de Hun Uitzil Chac, Uno-chac-de-las-montañas, de Uxmal. Eso fue lo que dedujo de los signos pintados en el libro, según su entender, el Ah Kin, Sacerdote-del-culto-solar, Ch'el, gran autoridad. Allí vieron cómo caería la carga según dijo el Chilam Balam, Brujo-intérprete, que estaba ordenado por Hunab Ku, Única-deidad, Oxlahun ti Ku, Trece-deidades, que caería un año de reyertas y un solo pleito se oiría, según la explicación que dan los signos pintados. Podrá ser o podrá no ser lo que ocurrirá sobre los árboles de Chapat, Ciempiés-escolopendra. Si nos aconteciese a nosotros, ocurriría sobre el pan de maíz y sobre el agua, porque inmensa es la carga de este katun según aparece en los signos del libro y del katun, por el norte y por el sur del mundo. Aquí en Mayapan, Estandarte-venado, se hará espantable Ah Uuc Chapat, El-siete-ciempiés-escolopendra, y se hará espantable Ah Uuc Yol Sip, El-siete-corazón-ofrenda.

117

Año [19°] 5 Ix

Llega la carga del 5 Ix en el decimonoveno año tun en la agonía del katun cuando se ata la carga del 5 Ahau, cuando pasa Ah Cap Uah Tun, El-que-ordena-los-tunes, con su exceso de miseria. Entonces será cuando resuenen los instrumentos musicales de madera que se golpean y hable Ix Tan Yol Ha, La-que-está-en-el-corazón-del-agua. Será el tiempo en que se burle a sí misma Ix Tol Och, La-ventruda-zarigüeya, por el cambio de palabra y de asiento. En el decimonoveno año tun hablará Ah Uuc Tut, El-siete-de-la-ocarina, cuando retornen al país los Itzaes, Brujos-del-agua, y camine la estatua con máscara de cera y sea el colmo sangriento de Ix Tan Yol Chulul, La-que-está-en-el-corazón-del-agua-llovediza. Atrás quedarán los Señores estériles al término del poder porque otros Señores erigirán otro vaso y otra ropa con que azoten y descompongan la Máscara de Madera. En el 11 Ahau será el disputar la Estera; cuando las Máscaras de Madera se miren cara a cara, al término de la burla y de su apresamiento en los dos días, en los tres días del regreso al pozo y a la gruta, a la vuelta al ayuntamiento carnal en los linajes. El golpe seco de las tibias señalará el retorno de su poder, la vuelta del Itzá, Brujo-del-agua, a causa del dolor excesivo y de la sed excesiva; regresarán pidiendo sus lugares y sus nuevas grutas. Será cuando tiemblen los cielos y la tierra y retumben Chaac, Lluvia Ix Chuah, La-llenadora, en el pozo y en la gruta. Retrocederá la Máscara de Madera para ser la burla del bellaco rojo, para ser la burla del bellaco blanco. Ah Maben Toĸ, El-de-la-caja-de-pedernal, será el poderoso del katun.

6 Cauac, Trueno, es el día del vigésimo año tun; llega el tiempo en que se toma de la mano. Durante su transcurso habrá muerte súbita y disputas de Ah Uucte Cuy, El-siete-tecolote, Chacmitan Choc, Gran-podredumbre, cuando se golpeen los katunes. A la orilla del mar estará Ah Maycuy, El-tecolote-venado; en Dzidzontun, Lugar-de-las-piedras-puntudas-como-pezuñas; y Chac Hubil Ahau, Señor-muy-revoltoso, en Sihomal, Lugar-de-amoles. Será el tiempo en que se extiendan las tripas de Kukulcan, Serpiente-quetzal, será el katun en que recule Ah Chichic Soot, El-que-agita-la-sonaja; agitará la sonaja pidiendo su limosna y llamando con la mano al vigésimo año tun. Sonará la sonaja por segunda vez en compañía de Ix Tan Yol Ha, La-que-está-en-el-corazón-del-agua, para que tome su limosna de lascivo semen recogido en las hijas y en los hijos de Tzintzin Coc Xul, Concha-de-tortuga-musical-de-vara, pero sólo dirán su palabra hasta el 6 Cauac, Trueno, porque entonces se levantará Amayte Ku, Cuadrado-deidad, y se extenderá sobre la ceiba el Quetzal, y se arrojarán los restos del katun echando por delante a los lisiados y corcovados y por atrás al maligno Xooc, Tiburón. Entonces se hará presente Ah Piltec [*Piltzintecuhtli*] a tomar su limosna. Por el poniente será que se encuentren y se devoren entre sí y al terminar el poder del 5 Ahau se yerga para ser reverenciado. En el vigésimo año tun acontecerá el apresarse los unos a los otros. Profunda cosa es decir lo que está en la sobrecarga del katun.

7 Kan, Piedra-preciosa, es el día del término y camino del katun que tiene la Estera y el Trono. Dejará el vaso colmado de miseria el katun. Grande será el hambre que erija Ah Uaxac Yol Kauil, El-ocho-corazón-sagrado, cuando llegue su tiempo al katun y cuatro caminos se formen en el cielo, y se abra la tierra, y el cielo se voltee al poniente y al oriente entristecido. Tal será la carga de su reinado. Vendado tendrá su rostro, perdido será el Trono y perdida la Estera cuando finalice el siete Kan al final del katun en el día de su muerte. Pero tendrá su pan y pedirá su pedernal de sacrificio, pedirá su limosna cuando se mueva el día 7 Kan, Piedra-preciosa.

CHEK OC KATUN. PISADA DEL KATUN

13 Oc, Coyote, será el día en que pise el katun al 2 Cauac, Trueno, cuando dé vuelta en el doblez del katun, cuando deje la Estera y el Trono y venga el cambio del vaso y del reinado, el cambio de la Estera y el cambio del Trono, cuando caiga la carga del 5 Ahau y mire hacia atrás para recoger su limosna. Sin vaso y sin Estera arrojará su poder y se levantará hacia otro mundo, pero esto sólo ocurrirá al final de la carga del katun sobre las divisiones de las ceibas en la tierra. Entonces llorará Mayapan, Estandarte-venado, Maycú, Tecolote-venado; asentará sus linajes en el pozo y en la gruta. Entonces será cuando haya muerte de venados [víctimas] por muerte súbita y gusaneras de Moscas, al fin de los katunes, en el doblez del katun.

U MUTIL CHUENIL KIN SANSAMAL
O PRONÓSTICOS DE LOS SIGNOS DIARIOS[1]

Kan

Ix Kan, Señora-del-maíz. Rico también. Maestros de todas artes. Ix Kokobta, El-pájaro-Merula, es su anuncio. Los preciosos cantores, su ave. Chac Imix Che, El-árbol-de-la-ceiba-roja, es su árbol. Sabio.

Chicchan

Ah Tzab Ti Can, La-serpiente-del-crótalo, es su anuncio que viene juntamente con su árbol. Habin, El-ichtyomethia, es su árbol. De fuego es su ánimo. Malo es su destino. Asesino.

Cimi

Ah Cuy Manab, El-tecolote-agorero. Torpe su anuncio que viene con su árbol. Asesino. Muy malo su destino igualmente.

Manik

Ah Xop, El-loro, Ah Yaxum, El-pájaro-verde (Quetzal), Ah Uitz, El-de-la-montaraz, es su anuncio. El Cacao, el verdadero Cacao, es su árbol. Sangrientas sus garras. Malo también.

Lamat

Borracho. Disforme perro es su anuncio. De jaguar es su cabeza, de perro su trasero. Entrometido. Hablador. Deshonesto en el hablar. Experimentador de aborrecimiento mutuo. Sembrador de cizaña. Grande.

121

Muluc

Ah Xoc, El-tiburón, y Ah Balam, El-jaguar, son su anuncio. Devorador de sus hijos. Devorador de sus esposas. Mortecinos niños. Mortecinas esposas. Rico. Matador de zarigüeyas también.

Oc

Ah Cen, el-adornado; Ah Zuli, El-de-vida-regalada, son sus anuncios. Ix Kili, El-lorito-Conorus, es su ave, su anuncio. Adúltero. Desfalleciente. Sin juicio. Cizañero también. Sin entendimiento.

Chuen

Artífice de la madera. Artífice del tejer es su anuncio. Maestro de todas artes. Muy rico toda su vida. Muy buenas todas las cosas que hiciere. Juicioso.

Eb

Ah Uitz Dziu, El-serrano-tordito-de-ojos-colorados, es su anuncio. Rico cuya riqueza es de la comunidad. Buen rico. Lo de la comunidad es su hacienda. Dadivoso. Buen hombre. No será cicatero. Muy bueno.

Been

Ah Kauil, El-mendigo, es su anuncio. Ah Kuklis, El-pobre, es su anuncio. Mísero. Plebeyo. Pobre.

Ix

Bravo jaguar. Sangrienta su boca. Sangrientas sus garras. Carnicero. Devorador de carne. Asesino.

Men

Ah Dzunacat, El-alegre-y-regocijado, es su anuncio.

122

Maestro de todas las artes. Muy bueno. Hablará pronto. De palabra santa también.

Cib

Ah Sip, El-ofrenda (venado), es su anuncio. Ladrón. Temperamento de cazador. Valiente. Asesino también. Sin buen destino. Malo.

Caban

Ah Colomte, El-pájaro-carpintero, es su anuncio. Sabio y prudente comerciante. Sangrador y curandero. Bueno. Juicioso.

Edznab

Sangrador de fiebres. Pedernal tallado. Toh, El-pájaro-momoto es su anuncio. Sano. Sangrador y curandero. Valiente.

Cauac

Ah Kukum El-quetzal, es su anuncio. Cuando es cargador de año anuncia enfermedad y miseria. El cacao es su árbol, el verdadero cacao. Muy imaginativo. Noble.

Ahau

Rapaz águila es su anuncio. Devoramiento y muerte de niños. Rico. Juicioso Valiente. Bueno.

Imix

El pan de maíz. Nicte, La-flor-de-mayo, es su anuncio. Nicte, La-flor-de-mayo, es su árbol. El cometa es su anuncio. Pecador libidinoso. Deshonesto. El más bellaco hombre. Indeciso, dudoso.

Ik

Los vientos son su anuncio. Aire de muy bellaco.

Aire de cometa. Nicte, La-flor-de-mayo, es su árbol. Deshonesto. Hombre muy lascivo. Malo es su destino.

Akbal
Ah akbal Yalam, El-noche (estrellado)-cervatillo, es su anuncio. Mísero. Plebeyo. Sin porvenir. Pobre. Cazador.

JACULATORIAS DE LOS AH KINES*

PALABRAS DEL AH KIN NAPUCTUN

Palabras del Ah Kin, Sacerdote-del-culto-solar, Napuctun, Piedra-preciosa-de-línea-materna-llamada-
Puc: "Arderá la tierra, se harán círculos en el cielo
durante la potencia de Kauil, Deidad, que erguida
estará en el tiempo que está por venir. Arderá la
tierra, arderán las pezuñas en el katun que viene.
Cuando diga su palabra sus almas lo verán y llorarán su miseria en el tiempo que viene, cuando so-
brepujadas sean sus almas por el sufrimiento y
reciba su galardón aquel que la sobrepasará con
padecimientos".

* Estos textos, llamados "Las Profecías", han sido publicados por Lizana (1633 y 1893), Cogolludo (1688 y ediciones
siguientes), Brasseur de Bourbourg (1857-59 y 1869-70: la
primera vez da el texto de Lizana y la segunda el mismo
de Lizana con traducción francesa), Castillo (1866: la versión de Cogolludo), Carrillo y Ancona (1870 y 1872: la versión
del Pérez), Brinton (1868: da en inglés una versión basán-
dose en las de Lizana y Brasseur), Charencey (1873: la
versión de Lizana, la de Brasseur y la suya propia en
francés), De Rosny (1875 y 1904: su propia traducción francesa, comparada con las de Lizana y Brasseur), Orozco y
Berra (1880: la de Napuc Tun y parcialmente las otras)
Carrillo y Ancona (1883: da una nueva traducción), Brinton
(1882: la de Nahau Pech, que reproduce Troncoso. 1883
agregando la versión de Lizana), Brinton (1882c: la versión
de Kauil Chel del Chumayel), Brinton (1890a: nuevamente
la de Nahau Pech). Tozzer (1921, pp. 120-30) publicó un
cotejo de las versiones de la de Chilam Balam que aparecen
en los Libros de Chilam Balam de Tizimín, Chumayel y en
Lizana, con traducciones de él mismo y de Martínez Hernández. Otros autores las han comentado o publicado par-

125

Palabras de Ah Kauil Ch'el, El-santo-Ch'el: "Salen las pinturas del katun, ¡oh padre! No habrá quien entienda cómo vienen; ni aun quien las puso en la rueda de los katunes, ¡oh padre! El rigor de la miseria vendrá para el norte y para el poniente cuando esto sea, ¡oh padre!; ¿quién será el Ah Kin, Sacerdote-del-culto-solar, el Bobat, Profeta, que pueda explicar el sentido de los signos, oh padre, aquellos que caen dentro del 9 Ahau? No se entenderá en toda la extensión del mundo. ¡Con qué regocijo reinabais antes y cómo lloraréis vosotros los que señoreáis la tierra! Tenedlo presente, ¡oh Itzaes, Brujos-del-agua!"

PALABRAS DE NAHAU PECH,
GRAN SACERDOTE [sic]

"Cuando se entienda ese tiempo, ¡oh padre!, llorarán los poderosos, será en el tiempo del cuarto katun cuando venga la verdadera ofrenda, cuando sea el día de Ku, Deidad. Entonces será cuando recordemos llorando lo que te entregamos a ti, ¡oh padre!

"Mirad ya en el camino a vuestros huéspedes, los Itzaes, Brujos-del-agua; ellos serán los amos y señores de la tierra cuando lleguen; considerad esto, ponedlo en vuestro entendimiento, os lo dice Nahau Pech, Garrapata-de-línea-materna-llamada-Hau, Ah Kin, Sacerdote-del-culto-solar. Hacia el fin del

cialmente. Recientemente han sido publicadas las versiones del Libro de Chilam Balam de Chumayel en Médiz Bolio (1930) y en Roys (1933), quien llama a estos textos Profecías de una Nueva Religión (cf. Tozzer, 1921, pp. 192-94).

katun, ¡oh padre!, perdidos serán los Sinic Uinic, Hormigas-hombres, perdidos serán los que vigilan el sustento, los que husmean el sustento, las aves de rapiña del sustento, las Siniques, Hormigas, los Dz'iues, Torditos-de-ojos-rojos, los Kaues, Tordos-grandes, los Piches, Tordos-negros, los Xpuciles, Ratones-domésticos!"

PALABRAS DE NATZIN YABUN CHAN, AH KIN

"Acontecerá la palabra de Hahal Ku, Verdadera-Deidad, en el Petén, País-llano. Ésta es la enseñanza que muestra, el provecho que dará, ¡oh padre!: Los Ah Kines, Sacerdotes-del-culto-solar, serán los destructores en el tiempo que viene; consideradlo, ponedlo en vuestro entendimiento. El rigor del fuego vuestras almas lo recibirán verdaderamente. Apartaos ya, dejad ya a vuestras deidades, Itzaes, Brujos-del-agua, olvidaos ya de vuestras perecederas y míseras deidades; postraos en adoración de Hahal Ku, Verdadera-deidad, la poderosa sobre todas las cosas, ¡oh padre!, la creadora del cielo y de la tierra en toda su extensión. Dolorosas han de serte mis palabras, ¡oh Maya Itzá, Brujo-del-agua-maya!, a ti que no quieres oír de otro Dios [*sic*], a ti que crees que tus deidades valen, pero habrás de creer las palabras de mi prédica!"

PALABRAS DE CHILAM BALAM, AH KIN,
QUE ES CANTOR EN CABALCHÉN MANÍ

"El 13 Ahau es cuando se asentará el katun que será el tiempo de los Itzaes, Brujos-del-agua, que será el tiempo en que esté erguido el Itzá, Brujo-del-agua, en el medio de los pueblos, ¡oh padre! La señal de Hunab Ku, Única-deidad del cielo, se hará

manifiesta con el Uaom Ché, **Madero-**enhiesto,[1] que
se mostrará al mundo cuando sea el amanecer, ¡oh
padre! Acabadas serán las contiendas, acabadas serán las perfidias cuando llegue el mensajero de la
señal de Ku, Deidad, en el tiempo que venga.

"A la distancia de un grito, a la distancia de una
jornada están ya, ¡oh padre!, los hombres Ah Kines, Sacerdotes-del-culto-solar. ¡Veréis entonces al
ave sobresalir por encima del Uaom Che, Madero-
erguido, en el despertar del mundo en el norte y en
el poniente! ¡Despertad ya a Itzamná Kauil, Sagra-
do-brujo-del-agua! Adorad ya la señal de Ku, Deidad, en el tiempo que venga.

"A la distancia de un grito, a la distancia de una
jornada están ya, ¡oh padre!, los hombres Ah Kines, Sacerdotes-del-culto-solar. ¡Veréis entonces al
ave sobresalir por encima del Uaom Che, Madero-
erguido, en el despertar del mundo en el norte y
en el poniente! Despertad ya a Itzamná Kauil, Sa-
grado-brujo-del-agua, que ya viene vuestro padre,
¡oh Itzaes, Brujos-del-agua! Vienen ya vuestros Hermanos Mayores, los de las piedras jades; recibid a
vuestros huéspedes los de las barbas, los del oriente, los que traen la señal de Ku, Deidad, ¡oh padre!

"Bueno es el poder de Ku, Deidad, que viene a
nosotros a vivificarnos, no atemorices al mundo, ¡oh
padre!, tú que eres Hunab Ku, Única-deidad, el creador, nuestro creador; bueno será tu poder, Ku, Deidad, ¡oh padre!, cuidador de nuestra alma, el que
al recibirnos no recibe sino lo que él mismo crea, el
que tiene al cielo tras de él! ¡Entonces será el tiempo y el comienzo de la humanidad del signo Dos
Sol, erguid su señal ahora, contemplad su señal
ahora, levantad el Uaom Che, Madero-enhiesto!

"El cambio que hoy se anuncia, el sustituto que
se muestra tras la ceiba al mundo, es la señal de

Hunab Ku, Única-deidad, la que viene de los cielos, la que habréis de adorar, ¡oh Itzaes, Brujos-del-agua! Adorad ya la señal de Ku, Deidad, la del cielo, poned vuestra voluntad para adorarla, adorad a Hahal Ku, Verdadera-deidad, creed en el poder de Hunab Ku, Única-deidad del cielo, que viene a hablarnos, avivad vuestros corazones, ¡oh Itzaes, Brujos-del-agua! Amanecerá el mundo para los que crean en él dentro del otro katun, ¡oh padre!; llanto es mi palabra, yo, Chilam Balam, Brujo-intérprete, al explicar la palabra de Hahal Ku, Deidad-verdadera, a todo el mundo cuando voy por todas las provincias de la tierra explicando la palabra de Hahal Ku, Deidad-verdadera.

"En el año noveno del 1 Ahau, el señor de los cielos y la tierra hará buena su palabra celestial, ¡oh padre!, vendrá sobre nosotros, sobre nuestras almas Hahal Ku, Deidad-verdadera; ellos son los que lo habrán querido, ¡oh padre! Muy pesada es la carga que soportarán los Ixcuch luum idzinil, Los-hermanos-menores-que-soportan-la-carga-de-la-tierra; aplacadas, dominadas, sometidas estarán sus voluntades; muerto el corazón de la Flor de Mayo, de los disputadores, de los deslenguados, de los ofrecedores de mujeres, flor de perversidades, de deshonestos desvaríos, los de poder de dos días los que ponen deshonestidad en los Tronos, los desvergonzados de la Flor de Mayo, los de abominables amores, los de poder de dos días, los de bancos de dos días, los de jícaras de dos días, los de tocados sombreros de dos días, los lascivos del día, los lascivos de la noche, los Maax, Monos del mundo, los que tuercen la garganta, los que parpadean los ojos, los que tuercen la boca a los Señores de la tierra, ¡oh padre!, los que carecen de verdad en sus palabras, los extranjeros del pueblo, los que dicen que son verdaderamente respetables, los hijos del hombre de las Uuc Tocoynaob, Siete-casas-desiertas, los hijos de las mujeres de las Uuc Tocoynaob, Siete-casas-desiertas, ¡oh padre!

"¿Quién será el Ah Bobat, Profeta, quién será el Ah Kin, Sacerdote-del-culto-solar, que pueda explicar rectamente las palabras de estos signos jeroglíficos?"

EL LENGUAJE DE ZUYUA Y SU SIGNIFICADO*

PARTE I

El lenguaje de Zuyua y su significado. Para nuestro señor capitán Mariscal establecido en Tzucuaxim al oriente de Ichcaansihó, Faz-del-nacimiento-del-cielo. Allí tiene su tierra, allí tiene sus huertos y su solar en donde él reside hasta que llegue el día en que finalice su empleo. También se pone cómo dan el poder los Halach Uiniques, Jefes de gran poder, de gran vestido también.

Hoy día cuatro del mes de septiembre del año de 1628 hemos compuesto lo que aquí está escrito en lengua maya para que cualquiera que viese este papel escrito sepa entender lo que es la palabra de Zuyua, la que usan los Batabes, Los-del-hacha de los pueblos, con los hombres que son alcaldes [sic] y regidores [sic].

Éste era el lenguaje que solicitaban los Halach Uiniques, Jefes de los pueblos, al llegar al término del poder del 3 Ahau Katun cuando se asienta el otro, el 1 Ahau Katun. Era lo que había dentro del otro katun, así se decía.

Cuando el katun presente es el 3 Ahau, éstos son los años que le faltan: 3 años para que deje de reinar,[1] mientras tanto, el 1 Ahau Katun reside en el interior de la casa del 3 Ahau, lo está visitando y está recibiendo los agasajos del 3 Ahau Katun.

Éstos son los acertijos y adivinanzas que tenía el

* Se ha publicado la versión del Libro de Chilam Balam de Chumayel en Médiz Bolio (1930) y en Roys (1933).

katun que hoy termina y llega hoy el tiempo en que que sean interrogados con acertijos los Batabes, Los-del-hacha, de los poblados, para ver si saben cómo es que merecen el Señorío, si es que lo saben por generación, si es cierto que lo saben y comprenden los Batabes, Los-del-hacha, y Halach Uiniques, Jefes, como jefes que son. Si es cierto que descienden los Batabes, Los-del-hacha, de Ahaues, Señores Príncipes, de Halach Uiniques, Jefes, realmente, han de demostrarlo. Éste es el primer acertijo que se les hace: Se les pedirá la comida. "Traedme el Sol", dirá el Halach Uinic, Jefe, a los Batabes, Los-del-hacha. "Traedme el Sol, hijos míos, para tenerlo en mi plato. Hincada ha de tener la lanza de la alta cruz en el centro de su corazón en donde tiene asentado a Yax Bolon, Jaguar-verde, bebiendo sangre. Esto es habla de Zuyua." Esto es lo que se les pide: el Sol es un gran huevo frito y la lanza con la alta cruz hincada en su corazón a que se refiere, es la bendición, y el jaguar verde sentado encima bebiendo sangre, es el chile verde cuando comienza a ponerse colorado.[2] Así es el habla de Zuyua.

El segundo acertijo que se les hace es que vayan en busca de los sesos del cielo para que el Halach Uinic, Jefe, los vea y sepa de qué tamaño son. "Tengo deseos de verlos, debo mirarlos", les dice. Los sesos del cielo son el copal, así es el habla de Zuyua.

El tercer acertijo que se les hace es pedirles que construyan una gran casa de siete horcones de alto y de una sola columna. Esta gran casa es el Yahau P'ooc, gran tocado señorial. Se les dirá también que suban sobre Yahau Sasac Tzimin, el caballo[3] [tapir] de vestiduras blancas señoriales, con una manta blanca, y que en la mano lleven la sonaja blanca haciéndola sonar al Tzimin, caballo, y que la

132

flor de la sonaja tenga sangre cuajada. Habla es que viene y sale de Zuyua. El caballo blanco que se les pide es la sandalia de fibra de henequén y la sonaja blanca dicha y la manta blanca, son las Flores de Mayo de centro blanco, y la sangre cuajada en la flor de la sonaja que se les pide, es el amarillo de oro que tiene en medio la flor y simboliza que de la Flor de Mayo proviene la sangre de ofrendas, la sangre de los huérfanos de madre, de los huérfanos de padre, de los miserables. Así es el habla de Zuyua.

El cuarto acertijo que se les hace es que vayan a sus hogares diciéndoles: "Hijos míos, cuando vengáis a verme, ha de ser precisamente cuando el Sol está en el medio del cielo, seréis dos y vendréis muy juntos vosotros, muchachos, y cuando lleguéis aquí, vuestro perro doméstico ha de venir tras de vosotros y que traiga cogida con sus dientes el alma de Cilich Colel, Sagrada-Señora, cuando vengáis. Habla es de Zuyua." Los dos muchachos de que se les habla que han de venir juntos justamente en el mediodía, es él mismo cuando venga pisando su sombra, y el perro que se pide que venga con ellos es su propia esposa, y el alma de Cilich Colel, Sagrada-señora, son las grandes candelas [sic], hachas [sic] de cera. Tal es el habla de Zuyua.

El quinto acertijo que se les hace es pedirles que busquen el corazón de Ku Citbil ti Caan, Señor-deidad-del-cielo, y cuando lo traigan, que de trece capas extendidas sea su lecho y que venga envuelto en vestiduras toscas de color blanco. El corazón de Ku Citbil, Señor-deidad, que se les pide es la piedra Kan,[4] el Maíz, la piedra preciosa, y su estrado de trece capas extendidas son los Yahau Uah, Pastel-de-tortilla-de-maíz-de-trece-capas-rellenas-de-frijoles,[5] y la tosca manta blanca en que viene envuelto es la servilleta blanca.

El sexto acertijo que se les hace es pedirles que busquen las ramas del Cho, Pochote-espinoso, y la cuerda de tres hilos y el bejuco vivo. "Quiero que le dé sabor a mi comida mañana, tengo deseos de comerlo, hace tiempo que no veo que se mastique el tronco del pochote espinoso", esto es lo que se les dirá. El tronco del pochote espinoso es Chop, Lagartija; la cuerda de tres hilos es la cola de Huh, Iguana, y el bejuco viviente son las tripas del Keken, Cerdo (Pecari), el tronco del pochote espinoso es el tronco del rabo del Chop, Lagartija; así es el habla de Zuyua.

El séptimo acertijo que se les hace es decirles: "Id a reunir para mí las tapas del fondo de los cenotes, que dos sean blancas y dos amarillas, tengo deseos de comerlas." Las tapas del cenote que se les pide son jícamas, dos jícamas blancas y dos jícamas amarillas; esto, en Zuyua se entiende.

Los Batabes, Los-del-hacha, que no cumplan el contenido de estas palabras, que no sean por ellos comprendidas ante los Halach Uiniques, Jefes, que son los que tienen la mayor importancia entre los naturales, serán aprehendidos, y tristeza y espanto caerá sobre sus casas, y tristeza y dolor llorará el pueblo en el centro de los poblados, y en las casas de los nobles entrará la muerte, no quedando ninguno vivo. Esto es lo que habrá sobre los Batabes, Los-del-hacha, de los pueblos, según el ejemplo que está en la pintura para que sepan cuán dolorosamente terminará para ellos el señorío de este Ahau. Con las manos atadas serán conducidos delante de su padre el Ahau Halach Uinic, Señor-Príncipe-Jefe; ése es el término de los falsos Batabes, Los-del-hacha, de los desvariados de Kin, Sol, de los impuros de la época. Al término de su batabilado es cuando

sentirán el dolor, ésta es la orden para cuando ter
mine el poder del katun.

Cuando terminé el poder del 3 Ahau Katun se
aprehenderán los Batabes, Los-del-hacha, de los
pueblos, que carezcan de entendimiento, por eso se
les aprehende, ésta es la memoria de por qué se les
aprehende; porque no dieron de comer a los Halach
Uiniques cuando éstos les pidieron su comida con
acertijos; por eso son ahorcados y por eso les son
cortadas las puntas de las lenguas y por eso les
son arrancados los ojos en el tiempo en que termina
el poder del katun. Sus descendientes se presentan
ante los Ahaues Halach Uiniques, Señores-prínci-
pes-Jefes, de rodillas, a pedir clemencia y prudencia,
y si tienen entendimiento, les entregan la Estera y
el Trono. Esto es lo que muestra la pintura. Felices se ven los descendientes de los Halach Uiniques,
Jefes de la tierra, los que tienen ánimo, que son los
que reciben la Gran Vara [sic]. Así es como esta-
blecían en sus puestos a los descendientes de los
linajes reales los hombres mayas, aquí en esta tierra de Yucatán, en toda su redondez, y que Dios
[sic] mediante ha de seguirse cumpliendo en la tierra. El Señor que viene a nuestro gobierno, a nuestro poder y que es auténtico Señor, inquirirá por
Ku, Deidad nuestra, y por nuestras piedras labradas
Tunes y por nuestras piedras preciosas Kanes y por
el árbol que da el vino Balché, y aquel que no lo
hiciere será muerto y aquel que lo hiciere y nos
respete tendrá a Dios [sic] con él. No quiera Dios
[sic] que todo lo que aquí está pintado acontezca.

PARTE II

Ésta es la cosa más importante que asiento: Cómo
los nobles que descienden de Batabes, Los-del-ha-

135

cha, saben cómo llega su linaje a la realeza y al gobierno y se regocijan de su juicio y prudencia y se sujetan respetuosamente a los grandes Halach Uiniques, Jefes, quienes les entregarán la Estera y el Trono; la Estera y el Trono que les había sido traicionada; la Estera y el Trono que había sido enterrada en la casa que está bajo el suelo,[6] que había sido pisoteada y arrastrada por la tierra por los desvariados de Kin, Sol, los impuros del katun, los hijos de las mujeres de la Luna, los hijos de mujeres deshonestas, los hijos de los hombres bellacos, los de Estera de dos días, los Maax Ahaues, Monos-Señores-príncipes, los Maax Katun, los Monos-del-katun, los que estuvieron caminando dentro del 3 Ahau Katun; cesará ya el poder de Bolon Buth, Nueve-ahíto, en el corazón del linaje de la nobleza, de sus hombres y señores que no pasarán ya si no saben decir todo, si no lo saben todo, cuando se les diga que vayan a tomar su cargo de Batabes, Los-del-hacha, de los pueblos, que vayan a buscarlo y a tomarlo. Que se les diga: "Hijo mío, búscame la flor de la noche, tráela aquí", así dirán, y entonces irán de rodillas ante el Halach Uinic que lo pida. "Padre, amo, he aquí la flor de la noche que me pides; trae la luz de la noche, aquí está conmigo", así dirá. "Así pues, hijo mío, si está contigo, ¿acaso está detrás de ti Ix Dzoy, La-flaca, en el gran amate?"[7] "Padre, amo, está conmigo, vino conmigo." "Así pues, hijo mío, si está contigo, si vino contigo, llama pues a tus parientes, al viejo de nueve hijos y a la vieja de nueve hijos." "Padre —dirá cuando responda—, vinieron conmigo, aquí están detrás de mí, delante de mí estaban cuando venía a verte." "Así pues, hijo, si están detrás de ti, reune las piedras de la sabana y tráelas en una brazada contra tu pecho si realmente eres de la raza de los Halach Uiniques, Jefes, y de la raza de los Ahaues, Señores-príncipes de esta tierra, si puedes comprender el habla de Zuyua." La flor de la noche que se le pide es la estrella del cielo y la luz de la noche que la acompaña es la Luna. La Ix Dzoy es el amate llamado Copó. El gran amate es el Ah Cuch Cab, El-de-los-bienes-de-la-comunidad, el tesorero, al cual llaman Otlomcabal, Consejero; el viejo que se pide, el de nueve hijos, el dedo gordo del pie; la vieja que se pide, la de nueve hijos, es el dedo gordo de la mano. Las piedras de la sabana que se le piden diciéndole que debe de traer a sus hijos abrazado⁀ contra su pecho, son las codornices; esto se entiende en Zuyua. Así también: "Hijo mío, ¿dónde está tu primer tío hermano de madre, aquel de quien te dije que no deberías de mirarle a la cara?" "Aquí está detrás de mí, oh padre." Otra vez le dice: "Así pues, hijo mío, ve a buscarme el cordón umbilical del cielo y tráemelo aquí; has de venir por el oriente y debes de traerlo a tus espaldas." La respuesta es: "Así ha de ser, oh padre", y se irá. Habla es ésta de Zuyua. El primer tío hermano de madre que viene con él es su propio colodrillo y el cordón umbilical del cielo que se le pide es el copal elaborado en figuras de trece modos distintos, y cuando se le dice que lo traiga a sus espaldas se refiere a su sombra cuando el Sol declina. Esto, se entiende en Zuyua.

Hijo mío, si eres Halach Uinic, Jefe, si eres poderoso príncipe, búscame las cuentas [sic] verdes con que tú oras." Estas cuentas verdes que se le piden son sus cuentas verdes, y luego le pregunta: "¿Cuánto tiempo oras?" "Oh padre —dirá—, en el día 1 yo oro y en el día 10 también oro." "¿Y en qué días es cuando alzas tu oración?" "Oh padre, los días 9 y los días 13; oro a Bolon ti Ku, Nueve-deidad, y a Oxlahun Citbil, Trece-ordenador;[8] entonces es cuando cuento y repaso mis cuentas" [sic]. Habla es ésta de Zuyua.

"Hijo mío, tráeme tu braguero-ceñidor para que yo lo huela; más que el centro del cielo quiero sentir su olor, el olor de tu ropa, el olor de tu carne, más que el olor del centro del cielo y más que el olor del centro de las nubes, y tráeme mi primer desayuno, el que está en la jicarita blanca labrada, si eres realmente Halach Uinic, Jefe." "Oh, padre, lo traeré", dirá. El olor del braguero-ceñidor que se le pide, aquel que es más oloroso que el centro del cielo, es el copal encendido cuando arde, y su primer alimento es el cacao molido, sù chocolate. Habla es de Zuyua.

"Hijo mío, tráeme la preciosa sangre de tu hija, su cabeza y sus entrañas, sus fémures y sus brazos que te dije encerraras en la olla nueva y la taparas, y tráeme también el precioso banco de tu hija, enséñamelo, tengo deseos de mirar todo eso; hace tiempo te lo di, cuando ante mí gemiste, cuando ante mí estalló tu llanto." "Así ha de ser, ¡oh padre!, vendré a traerte las antenas de Ah Bol, Abeja-montesa-melera-sìn-aguijón, para que se ahuyente." La preciosa sangre de su hija que se le pide es el Balché, Vino-ceremonial-de-miel;[9] las entrañas de su hija son las bolsitas de miel de la colmena, y la cabeza de su hija es la olla nueva en que se fermenta el Balché, Vino-ceremonial-de-miel. El precioso banco de su hija que se le pide es la piedra fina llamada Couoh, de la miel [¿ámbar?]. Y cuando de las orejas o antenas de Ah Bol, Abeja-montesa-melera-sin-aguijón, se habla, es dar el fermento del Balché, Vino-ceremonial-de-miel, y el fémur de la hija son las cortezas del árbol Balché que sirven para fermentar el vino Balché, y los brazos de la

138

hija, las ramas del árbol Balché y cuando se le dijo que había llorado, menciona la embriaguez que le viene, cuando se contorsiona y murmura reverencias como corresponde a los grandes Señores. "He aquí a mi hija, la que me diste para que yo cuidase, de la que me hablas padre; tú, Ah Tepal, El-poderoso." Así dirá a su hijo, el siervo: "Oh tú, hijo, Halach Uinic, Jefe, como yo; Ah Tepal, El poderoso, como yo; conque tú sabes esto, conque tú lo recuerdas", dirá. La preciosa sangre de la hija que pide es que trece veces lo pase [el vino ceremonial], y trece veces llore acostado afuera; mientras está tendido llorando dice: "¡Oh, hijo mío, verdaderamente eres Halach Uinic, Jefe; hijo mío, verdaderamente eres Ah Tepal, El-poderoso, al igual enteramente que yo; te entrego tu Estera, te entrego tu Trono, te entrego tu Señorío a ti, que eres mi hijo; para ti será el poder, para ti será el Señorío, oh tú, mi hijo!" Habla es de Zuyua.

Así es como se hace entrega del poder a los Batabes, Los-del-hacha, de los poblados. Hasta entonces es cuando salen de la presencia de los grandes Halach Uiniques, Jefes, que están en la cabecera del país llano; hasta entonces pueden marchar a sus lugares e irse a sus casas. Allí les solicitan su comida los Halach Uiniques de esta manera:

"Hijo mío, tráeme cuatro Chac Dzidzib, Pájaros-cardenales, aquellos que están a la entrada de la cueva, y tráelos parados sobre mi precioso alimento. Que les vea enrojecidos sus copetes y que vengan erguidos sobre mi precioso alimento cuando llegues ante mí." "Así ha de ser, ¡oh padre!" Esto que pide es el Ciui, Achiote-en-pasta; los copetes de que habla es la espuma del chocolate, y su precioso desayuno es el cacao acabado de moler. Habla es de Zuyua.

"Hijo mío, has de traerme los Ch'ich'il Akab, Pájaros-nocturnos, y el brillo de la noche, juntamente con los sesos del cielo; tengo muchos deseos de mirarlos aquí." "Así ha de ser, señor." Lo que se le pide es el recipiente en el cual se quema el copal, y el brillo de la noche que se le pide es la piedra preciosa, y los sesos del cielo, el copal.[10] Habla es de Zuyua.

"Hijo mío, tráeme los huesos de tu padre, aquellos que enterraste hace tres años; tengo muchos deseos de mirarlos." "Así ha de ser, ¡oh padre!" Lo que se le pide es la yuca cocida bajo tierra para comida del Halach Uinic, Jefe. Habla es de Zuyua.

"Hijo mío, tráeme un viejo que no tenga abrochados los botones [sic], en su jubón [sic], el llamado Hom To Chac, Hundido-en-la-lluvia." "Así ha de ser, ¡oh padre!" Lo que se le pide es el Ibach Huech, Armadillo.[11] Habla es de Zuyua.

"Hijo mío, trae para mí tres rayas del cielo; tengo deseos de comerlas." "Así ha de ser, ¡oh padre!" Lo que se le pide es el Sacab, Bebida-de-maíz-sin-cal.[12] En el lenguaje de Zuyua se pedirá todo.

"Hijo mío, tráeme un tronco de henequén, un tronco sin brazos pero con corazón, que venga muy adornado con tallos y flores de dzidzil." "Así ha de ser, ¡oh padre!" Lo que se le pide es la cabeza del Keken, cerdo silvestre, cocida bajo tierra, hecha para el servicio del Halach Uinic, Jefe. El corazón a que se refiere es la lengua, porque su lengua es como su corazón. Habla es de Zuyua.

"Hijo mío, tráeme el Cos, Gavilán, que anda en la noche, para que yo lo coma." "Así ha de ser, ¡oh padre!" Lo que pide son pollos [sic] de cresta. Habla es de Zuyua.

"Hijo mío, di a Ix Dzoy, La-flaca, la que nombran Otlom Cabal, Consejera,[13] que me traiga una canasta de Pich'umes, Tordos-negros, que los recoja de debajo de la gran higuera en donde están tendidos, debajo del gran Copó, Higuera." "Así ha de ser, ¡oh padre!" Lo que se le pide son frijoles negros, los que están en la casa del Ah Cuch Cab, El-que-guarda-los-bienes-de-la-comunidad, tesorero. Yax Dzoy, Gran-flaca, Otlomcabal, Consejero, es lo que dicen. Habla es de Zuyua.

"Hijo mío, agarra el jaguar de la gruta; lo quiero para dar sabor a mi comida, tengo deseos de comerlo." "Así ha de ser, ¡oh padre!" El jaguar que se le pide es el Haleu,[14] Tepezcuintle. Habla es de Zuyua.

"Hijo mío, tráeme a los huérfanos de padre envueltos en siete capas; tengo deseos de comerlos porque éste es el día en que deben comerse." "Así ha de ser, ¡oh padre!" Lo que se le pide es el Dzotob Chay, Tamalitos-rellenos-de-huevo-en-salsa-de-semilla-de-calabaza-cnvueltos-en-hojas-de-chaya.[15] Habla es de Zuyua.

"Hijo mío, tráeme la claridad que alumbra el Petén, País llano, tengo deseos de comerla." "Así ha de ser, ¡oh padre!" Lo que pide es la miel líquida. Habla es de Zuyua.

"Hijo mío, tráeme la piedra ardiendo del horno de la cal, trae también el agua para que la apague; aquí ante mí ha de reventar." Habla es de Zuyua. Lo que se le pide es el Macal, Ñame, cocido bajo tierra, y el agua que pide para apagarlo es la miel líquida. Habla es de Zuyua.

"Hijo mío, trae para mí la luciérnaga de la noche, aquella que al norte y al poniente deja pasar su olor; que venga lamida por la lengua del Balam, Brujo." "Así ha de ser, ¡oh padre!" Lo que pide son cigarros y la lamida de la lengua del Balam, Brujo, es el fuego que necesitan. Habla es de Zuyua.

"Hijo mío, tráeme a tu niña, la del albo rostro, para que yo la vea, la de bella toca blanca, la de moño anudado, tengo deseos de ella." "Así ha de ser, ¡oh padre!" Lo que pide es la jícara blanca llena de Sacab, Agua-de-maíz-sin-cal. Habla es de Zuyua.

"Hijo mío, tráeme lo que se llama Sabel, Melones [*sic*], para que yo los coma, los de delicado perfume que trasciende." "Así ha de ser, ¡oh padre!" Lo que pide son melones [*sic*]. Habla es de Zuyua.

"Hijo mío, tráeme las lombrices retorcidas y azulosas, tengo deseos de comerlas." "Así ha de ser, ¡oh padre!" Lo que pide son pescuezos de guajolote. Habla es de Zuyua.

"Hijo mío, tráeme una doncella de blancas y relucientes pantorrillas aquí, quiero alzarle su enagua hasta los muslos." "Así ha de ser, ¡oh padre!" Lo que pide es la jícama; alzarle la enagua hasta los muslos es quitarle la cáscara. Habla es de Zuyua.

"Hijo mío, tráeme una bella muchacha de cara blanca, que tengo deseos de ella. Aquí le quitaré su enagua y camisa huipil; aquí ante mí ha de ser." "Así ha de ser, ¡oh padre!" Lo que pide es una guajolota para comer. Quitarle su enagua y su camisa huipil es desplumarla para asarla y comerla.

"Hijo mío, tráeme aquí un guardián de milpa anciano; tengo deseos de mirar su rostro." "Así ha de ser, ¡oh padre!" Lo que pide es un Macal, Ñame, para comer. Adivinanza es de Zuyua.

"Hijo mío, tráeme aquí una vieja que cuide milpas, que tenga el cuerpo negro y las nalgas de siete palmos; tengo deseos de mirarla." Lo que pide es el fruto de la calabaza. Es habla de Zuyua.

Que no llegue el día en que sea ofendido nuestro amo el Halach Uinic, Jefe, al llegar a esta tierra la tierra de Yucaltepen, cuando venga a llamar a los Batabes, Los-del-hacha, para que acudan a él. "¿Vosotros sois Batabes, Los-del-hacha?" "Lo somos, ¡oh padre!", dirán. "Oh hijos míos, si es que sois Halach Uiniques, Jefes, aquí os será dicho: Buscad al Balam, Brujo, que tiene alas, traédmelo aquí para comer, vestido con sus collares, adornado con sus tocados cuando lo traigáis; id pronto y regresad luego, hijos míos; tengo muchos deseos de comerlo. Oh vosotros, mis hijos, vosotros los hijos del Halach Uinic, los que no supiéreis lo que os pido, tendréis pobre el pensamiento y pobre la mirada, y ¡ay, nada más podréis decir!" Aquellos que saben, felices van a buscar al Balam, Brujo, que tiene alas, para traerlo. "¿Eres tú mi hijo, eres tú de linaje noble?" "¡Oh padre!" "¿Eres acaso tú de linaje, de raza, hijo mío?" "Lo soy, ¡oh padre!" "¿Dónde están tus familiares, hijo mío?" "Oh padre, por los bosques andan buscando al Balam, Brujo; no hay Balam, según dicen, para ellos." Este Balam que pide es el Tzimin, Caballo [Tapir], de los Batabes; lo que quiere comer y quiere admirar es el robusto caballo [sic]. Su collar son los cascabeles [sic], y su tocado, su penacho, es el hilo rojo de algodón que tiene bien colocado en la silla [sic] y en el freno [sic]. Habla es de Zuyua para que sean entendidas sus palabras.

Gran pueblo de Santa Cruz, julio 10 de 1875, el año en que terminé de hacer la copia [sic] de este lenguaje maya para que pudiera ser comprendido. Marcos Balam, rúbrica.

ALZAMIENTO DE DON ANTONIO MARTÍNEZ Y SAÚL*

Don Antonio Martínez y Saúl, éstos fueron sus nombres cuando nació en Tzimintán, Frente-a-los-tapires.[1]

Estaba en Tzimintán, Frente-a-los-tapires, cuando lo vio una señora cacica y murió un Nacom, Sacrificador. Le dijo la señora cacica que la desposase y siete años después de que la recibiera en matrimonio, le fueron abiertas las Puertas de Oro [iglesia del culto católico] y la Casa de Cuatro Divisiones [idem] le fue mostrada.

Construyó barcos innumerables [13 × 400] para alzar guerra en la tierra de la Habana en donde estaba el representante del rey, allí en la Habana. Lo comunicó al rey su representante, que andaba detrás de su acusador y fue como oyó que sería aprehendido y por eso se salió y se huyó a Tzimintán, Frente-a-los-tapires, en donde lo aprehendieron. Tres lunas habían transcurrido cuando alcanzó Tzimintán, Frente-a-los-tapires, y fue aprehendido y fue entonces cuando dijo la verdad a su aprehensor, cuando llegó a Tzimintán, Frente-a-los-tapires. Le dijo: "Vete, hombre, le dijo; tres lunas hace que llegué, le dijo; tres días tardó mi venida, le dijo,

* Este texto aparece interpolado en la "Profecía llamada Memoria de cómo vino Hunab Ku a decir su palabra a los Ah Kines", de donde se ha desglosado. Se ha publicado la versión del Libro de Chilam Balam de Chumayel en Médiz Bolio (1930) y en Roys (1933). El héroe de la narración es un personaje misterioso, desconocido en las otras fuentes clásicas de la historia de Yucatán.

y tres días hace que tú llegaste." A su llegada fue encerrado en un calabozo. "Vengo a sacarte del calabozo; vosotros, Nacomes, Sacrificadores, venid dos conmigo", dijo. "Suban nueve sillas para sentarnos." "Arderá el mar cuando yo me alce; incendio y fuego ha de verse al final. Se levantarán las arenas y las espumas del mar taparán la cara del Sol durante la tempestad."

Entonces se ataviaron los Nacomes, Sacrificadores; y se desmoronaron las piedras y la tierra cuando el viento se sentó en su banco de piedra fina. Vinieron tres veces cuatrocientos barcos y se atavió como el rey el Nacom, Sacrificador. "Así pues, preparaos señores, para cuando vengan los franceses", dijo.

"Moriremos a causa de ellos", así dijo. —"No desmayéis, hombres, y que a hombres como tú se os diga: «Estaos allá»; iré yo mismo a poner las proas de los barcos al centro para que se alcen conmigo los vientos", dijo. —"Se anublará la faz del cielo y arderá el mar al irme; y cuando lo haga será en presencia de todos, en presencia de todos perderé los barcos." —"Pero, ¿quién es este hombre?", dirán. —"Yo soy el que no es creyente, el que duda de ti, soy el que tienes que hacer renacer [bautizar]"; y dijo también: —"Probaré cuál es mi nombre de Martínez, Dios Padre, Dios Hijo y Dios Espíritu Santo es mi nombre." Así fue como murieron los oficiales de gobierno.

Dijo entonces que daría su pueblo con la mitad de sus hombres: —"¿Dónde está tu pueblo?" —"Mi pueblo es todo", dijo. —"¿Entonces me pagarás con mi pueblo a mí que soy Saúl?" —"Te digo que ha bajado la justicia del cristiano y de los bienaventurados del cielo."

En el katun decimotercero 4 Ahau, quizás entonces se haya acabado de pagar el alzamiento de guerra de nuestros padres. No digáis que son vuestros enemigos los soldados que vienen contra nosotros. Son los cargadores de vuestras culpas cuando vengan, el día que vengan los franceses al país llano, los soldados.

Siete días reinará Nuestro Señor Jesucristo, guarda de nuestra alma tanto en este mundo como cuando acoja nuestra alma en su santo cielo también, hijos del Verdadero Dios, Amén.

RELATO LLAMADO "ACONTECIMIENTO HISTÓRICO EN UN KATUN 8 AHAU"*

El 8 Ahau fue cuando Ix Chancab, La-poderosa-mielera, limpió la plaza ciudad para que bajase el poder de Oxlahun Ti Ku, Trece-deidad, en un 8 Ahau, a Chichen, Orillas-de-los-pozos, en donde estaba Oxlahun Ti Ku, Trece-deidad, en donde fue el rostro más grandemente reverenciado durante el imperio y poder de Oxlahun Ti Ku, Trece-deidad. El 8 Ahau aconteció en Chichen, Orillas-de-los-pozos.

Entonces ocurrió que se puso pintura al Señor de Uxmal y vino a imponer la huella de sus pies en las espaldas del Chac Xib Chac, Rojo-temible-Chac, en Chichen, Orillas-de-los-pozos, en donde imperaba Ah Nacxit[1] Kukulcan, El-Nacxit-Serpiente-quetzal; entonces fue cuando bajó el éxodo del Itzá, Brujo-del-agua, y vino el pleitear ocultamente, el pleitear con furia, el pleitear con violencia, el pleitear sin misericordia.

Entró el pecado, llegó con el 8 Ahau, vino el debilitamiento de la ceiba nuevamente a causa de Ah Xib Chac, El-temible-Chac, de Chichen, Orillas-de-los-pozos. Pero ¿quién sabrá la carga que traerá cuando totalmente dé la vuelta?

Fue en el 8 Ahau que sucedió lo de Ah Ulil, El-del-caracol-de-tierra, de Itzmal, Lugar-del-brujo-del-agua, cuando fue doblegado y atado el Señor Ah

---

* Se refiere, sin duda, a los acontecimientos que tuvieron lugar en el Katun 8 Ahau, transcurrido precisamente entre 1185 y 1204, según puede verse en la Crónica Matichu, parte III.

Ulil, El-del-caracol-de-tierra, por su pecado cometido con la mujer desposada de su amigo, otro Señor, lo que estableció la guerra en el transcurso del decimosexto o decimoséptimo año tun de ese katun, durante el poder de Ah Kul Itzman Caan, El-santo-brujo-del-agua-celestial, durante la presencia de Ahau Can, Señor-serpiente, Hapai Can, Serpiente-tragadora, cuando fue que ataron al Señor Ul, Caracol-de-tierra, de Itzmal, Lugar-del-brujo-del-agua, en donde pagaban como tributo a los infantes de Itzmal Kauil, Santo-lugar-del-brujo-del-agua, para alimentar a la Hapai Can, Serpiente-tragadora, que hacía violenta guerra. Entonces fue cuando en Itzmal, Lugar-del-brujo-del-agua, aconteció durante el gobierno del Señor Ulil, El-del-caracol-de-tierra, que terminó el poder de la Hapai Can, Serpiente-tragadora, que tenían los de Itzmal Thul, Brujo-del-agua-a-chorros, porque llegaron los grandes carniceros bestiales, los zopilotes celestiales del centro del Corazón del Cielo, Chac Bolay, Gran-fiera, con Chac Xib Chac, Rojo-temible-Chac.

Grande fue el sufrimiento de los de Ah Itzmal Thul, El-brujo-del-agua-a-chorros, grande fue el dolor de su alma. Atado fue por sus pecados Ahau Canul, Señor-príncipe-guardián, porque presentaban como tributo a los infantes a la Hapai Can, Serpiente-tragadora. Por eso fue superado por Ah Kukulcan, El-serpiente-quetzal, para que lo viesen y oyesen todos los habitantes de Itzmal Thul, Lugar-del-brujo-del-agua-que-chorrea, quienes daban en ofrenda a los infantes para alimentar a la Hapai Can, Serpiente-tragadora, porque los súbditos cargan las culpas de los Señores.

Entonces fue cuando comenzó la prueba para Ah Itzam Caan, El-brujo-del-agua-celestial, cuando entró el pecado por la causa de Ahau Canul, Príncipe guardián, cuando salió Ahau Can, Señor-Serpiente, de Chichen, Orillas-de-los-pozos. De aquí de Maxcanú, Mono-guardián, en el comienzo de las sierras, de aquí salió el Señor. De trece medidas fue su carga cuando fue engendrado por su padre, pero fue valeroso para la guerra y tuvo la Máscara de Madera de Ah Cup Cacap, El-que-quita-el-resuello-apretando, y fue Chan Tokil, Poderoso-del-pedernal. Hubo entonces entrada del zopilote celestial a las casas y muertes repentinas en el imperio de la sequía.

Vendrá el apresurado arrebatar de bolsas y la guerra rápida y violenta de los codiciosos ladrones: ésta es la carga del katun para el tiempo del cristianismo; la gente de la Flor de Mayo tendrá grandes miserias, grandes padecimientos tendrá el gran Itzá, Brujo-del-agua. En el doblez del katun de este decimotercero 8 Ahau caerá el poder de los Halach Uiniques, Jefes, de los grandes Itzaes, Brujos-del-agua. Pero no por completo acabará la gente de la Flor de Mayo, porque en el 9 Ahau se aparejarán escudos en el cierre, se aparejarán flechas en el cierre, cuando el katun cierre totalmente.

EXPLICACIÓN DEL CALENDARIO MAYA

Al terminarse el 10 Ahau termina un doblez de katunes y se repiten de nuevo 13 katunes;[1] están
pintadas sus figuras en la rueda del katun.[2]

Décimo doblez del katun se llama cuando termina su duración y se asienta otro. Al terminar el 8
Ahau comienza de nuevo, y entonces comenzamos
a escribir para que se asiente otro katun, y al terminarse el 8 Ahau, comienza de nuevo.

Pero lo que escribo no es nada meritorio, sólo
para que sepan las cosas en que pasaban su vida
nuestros antepasados en la época de su ceguera. Lo
que habían de soportar según los pronósticos, que
tampoco eran ciertos, sino falsedades, porque en lo
único en que debe creerse es en Dios Nuestro Señor Único Todopoderoso y Sus Mandamientos [sic].

Éste es el calendario de nuestros antepasados:
cada 20 días hacen un mes, según decían. 18 meses
era lo que contaban un año; cada mes lo llamaban
"un uinal" que quiere decir mes; de 20 días era la
carga de un mes; "mes uinal" decían. Cuando se
cumplían los 18 por cada vez que pasaba su carga
era un año; luego se asentaban los cinco días sin
nombre, los días dañosos del año, los más temi-
bles,[3] los de mayor pena por el temor de muertes
inesperadas y peligros de ser devorados por el jaguar. En ellos todo era malo: mordeduras de serpientes venenosas en el monte y golpes de ramas
ponzoñosas a los hombres, según decían. Ésta es
la razón de por qué se decía que eran los dañosos
del año, los días más malos estos días sin nombre.

Pero tenían un dios que adoraban, que reverenciaban, que acataban durante cuatro de estos días. Grande era el regocijo que se le ofrecía al recibirlo el primer día; se le daba gran importancia y era un día festivo. Pero al cuarto día ya no era cara su presencia, ni se le daba la importancia del primer día a su imagen, era ya otro al tercer día y no el centro de la casa; al cuarto día se le colocaba en las afueras de la casa para que allí le amaneciera; al quinto día se le echaba para que se fuese. El sexto día entonces que era el primero, el día cargador del año, en el que se asentaba el comienzo del año, del nuevo año y del primer mes llamado otra vez Poop, Estera.[4]

He aquí las letras mayas escritas para contarse o leerse los meses como en el calendario de los romanos cuya cuenta lleva la Santa Madre Iglesia para que se sepa la cuenta completa de sus días y de sus meses y la cuenta de los años del calendario de los cristianos. Tres son las columnas de mi escritura que se encontrarán aquí abajo con los doce meses del calendario; la primera parte es en castellano, allí se ven los días que hay en cada mes; la segunda parte son las figuras de las letras; los jeroglíficos de cada día que se van contando son las que tienen punto y rayas detrás. Un punto vale un año; si son dos, dos años o días; si son tres puntos así también se cuenta; si son cuatro puntos se cuentan cuatro como si son tres puntos así también. Las rayas que están encima también, si es una raya vale cinco años; si son dos rayas diez; si la raya que está encima tiene un punto se cuentan seis; si son dos los que hay sobre la raya, son siete; si tres puntos hay encima son ocho; si cuatro puntos hay sobre la línea se cuentan nueve; si son dos rayas con un punto encima son once si es

151

uno; si son dos puntos, doce; si son tres puntos, trece. La cuarta sección son las letras que he pintado y que representan los nombres de los signos de los días de las veintenas mayas que he copiado. Entendía muy bien estas cosas el señor Don Juan Xiu de Oxkutzcab.[5] Lo copié yo, Diego Chi, escribano de la cofradía de aquí de Maní el 16 de julio de 1689, el día que fueron de Oxkutzcab a Mérida, porque iban a entrar Lorencillo y los ingleses allí, **el capitán Diego Balan Gobernador, Pedro Puc y Diego Tuin alcaldes y Pascual Noh el regidor principal.**

312 años hay sobre un doblez de katun[6] para que se asiente en su comienzo de nuevo tal como comenzó. Estas pinturas que copié no son todas sino solamente la explicación del transcurso del 8 Ahau que corre parejo con la carga del cargador del año del Katun 2 Ahau; transcurrido el octavo año falta aún la carga de trece para que termine el 4 Ahau en que estamos, pero yo copié los trece. No es todo, sino solamente el calendario de ellos que cotejo con el calendario romano que llevan los cristianos según el nacimiento de nuestro Salvador Jesucristo, dentro del cual caen cuantas festividades se celebran dentro de los días de la cuenta de los cristianos y de la Santa Madre Iglesia. Hice la separación de la cuenta de los años y de la de los meses. Lo ajustarán mis Señores, mis padres y maestros. Que me perdonen a mí de sus hijos el peor, si no está correcto como queda explicado; si hay error lo corregirán porque no es mucha mi inteligencia, por esto es que les pido que perdonen mis yerros en el nombre de Nuestro Señor Dios dentro de mi falta de entendimiento.

Hoy al finalizar el mes, 20 Seec en el signo 6 Chicchan del año de cargador 9 Muluc, es 14 de febrero de 1793; fue cuando terminé de aprender a escribir los meses uinales mayas, del calendario que los antiguos hombres mayas tenían cuando aún no comenzaba el cristianismo. Que me perdonen mis yerros mis señores padres y los altos entendidos maestros, los astrólogos acéntricos [*sic*] y los concéntricos [*sic*], los grandes sabios que saben cómo caminan el Sol, la Luna y las estrellas y todas las cosas creadas por nuestro Padre Dios.

NOTAS

CRÓNICA MATICHU

[1] El texto dice *Holon Chan Tepeu*, pero *Holon* significa "el que es cabeza". Véase cakchiquel (Sáenz de Santa María, 1941): *"jolom... cabeza; jefe, capitán"*. En maya yucateco *ho'ol* significa cabeza; *om* es sufijo que denota al actor. *Chan* es voz que en varios dialectos mayas vale por serpiente (tzeltal, chol, etc.). Es aún nombre personal en Yucatán, donde la variante *can* significa serpiente. *Tepeu* es voz que en Pokomchí, según Zúñiga, significa "grande, admirable, magestuoso, poderoso..." y cosa semejante en cakchiquel, según Sáenz de Santa María, ya citado. En maya yucateco registra el Diccionario de Motul como "vocablo antiguo" *tepeual* con significado de "reinar" y *tepal* con el de "reinar, mandar, señorear, prosperidad", etc. En náhua *tepeua* vale por "conquistar". ¿Es un mayismo en el nahua, un nahuatlismo en maya, o en ambas lenguas es préstamo de una tercera lengua?

[2] De aquí en adelante, hasta la mención de la muerte del Ofrendador del Agua Napot Xiu, al final de la Parte III, los años que se cuentan son *tunes*, periodos de 360 días, y las veintenas son de estos periodos, o sea *katunes* de 7 200 días.

[3] *Siyan Can Bakhalal* es la moderna Bacalar del actual Territorio de Quintana Roo. *Siyan Can* es un adjetivo que aparece unido a otros nombres de lugar y significa "famoso, de abolengo". Véase Diccionario de Motul; *çiian can:* "cuentos y palabras de historias de sabios graves" (f. 101v).

[4] "Se ordenaron las esteras" es una manera de decir "se ordenaron las comunidades", porque en maya *poop* no solamente significa estera, sino la comunidad, el conjunto total de personas de una jurisdicción, y el objeto mismo, la estera, era símbolo de la jurisdicción del señor que la hollaba. Ver Diccionario de Motul (Ms. Ff. 381r) *sub voce poptan* y Sáenz de Santa María (1940, pp. 314-315). Además, en las "Ruedas Proféticas de un Doblez de Katunes" en esta obra, *passim*, la mención constante de la estera y el trono durante el reinado de alguna deidad. Sobre otras interpretaciones ver Brinton (1882, pp. 146 y 150) y Roys (1933, pp. 72 y 135).

[5] Chichen Itzá se traduce "orilla-de-los-pozos-del-brujo-del-agua" (o del Itzá). Véase la nota introductoria a las Cróni-

cas, donde se discute el nombre Itzá, *Chi'* es boca u orilla
y *ch'en* es pozo.

⁶ *Chakanputún*, que puede no ser el antiguo nombre de la
moderna Champotón, de la costa sur de Campeche, se traduce
en esta obra "sabana-de-chiles" porque hay una clase de chi-
les que se da en las sabanas cuyo nombre es *puntun* o *p'utun*.
Pero *p'utun* pueden significar también pequeño, enano. Sin
embargo, no es adjetivo en Chakanputún, porque no antecede
a Chakan, que significa sabana.

⁷ Nótese cómo se dice que regresaron en busca de sus
hogares de nuevo y es claro que estos hogares estuvieron antes en Chichen Itzá.

⁸ Ver nota anterior.

⁹ *Chac Xib Chac*, que aquí aparece como gobernante de
Chichen Itzá, se presenta también como una deidad, un *Chac
rojo* correspondiente al oriente en Landa (1938, ed.-yuc., p. 14)
y en otros textos ("Acontecimiento histórico en un 8 Ahau").
Véase Roys (1933, p. 67).

¹⁰ *Ichpá* es uno de los sobrenombres de Mayapán. Significa "entre-las-murallas". Mayapán era una ciudad amura-
llada, característica de ciudad no maya. Otro de sus sobrenombres es *Saclactun*, que significa "piedras-blancas".

¹¹ Los siete jefes de Mayapán que atacaron a Chichen Itzá
en el Katun 8 Ahau (10.9.0.0.0: 1185-1204), ostentan nombres
mexicanos de toda evidencia: *Ah Sintéut Chan, Tzontécum,
Táxcal, Pantémit, Xuchúeuet, Itzcuat, Cacaltécal.*

Ah Sintéut Chan es una forma híbrida maya-mexicana
compuesta por el elemento pronominal masculino maya *ah;*
el vocablo mexicano *sintéut*, compuesto de *cin(tli)*, maíz seco
en mazorca, y *teu(hc)t(li)*, señor o jefe, más la voz maya
chan, que significa serpiente. La traducción podría intentarse por la serpiente-del-señor-del-maíz.

Tzontécum es vocablo mexicano que significa cabeza humana cortada y separada del tronco.

Táxcal es vocablo mexicano que significa "torta", según
Molina, pero también podría venir de *texcal(li)*, peñascos o
roquedal.

Pantémit es vocablo mexicano, formado por *pan(itl)*, estan-
darte, más *te(tl)*, piedra, más *mit(l)*, flecha; la traducción
podría intentarse por la-enseña-de-flecha-de-pedernal.

Xuchúeuet es vocablo mexicano formado de *xúch(itl)*,
flor, y *uéuet(l)*, viejo (véase n. 45).

Itzcuat es vocablo mexicano formado por *Itz(tli)*, obsidiana
y *cuat(l)*, culebra, serpiente-de-obsidiana.

Cacaltecat es vocablo mexicano formado por *cacal(otl)*,
cuervo, más *tecatl*, forma desinencial para los gentilicios;

significa el-de-los-cuervos, el individuo cuervo, el individuo del apellido cuervo. *Cacálotl* significa también, según Molina, "tenazuela de palo para dispauilar candelas, o para comer granos de mayz tostado en el rescoldo".

[12] *Ulmil* es un personaje cuyo territorio no está señalado en ningún texto.

[13] *Ah uitzil dzul*, dice el texto maya; "los extranjeros montañeses", alusión a su procedencia de los altos de México.

[14] No fue el año 1513 el de la primera aparición de los españoles en la península. Los primeros en llegar forzosamente fueron los náufragos de Valdivia en 1511, los segundos fueron la gente de Hernández de Córdova. Desde luego, los nativos continentales tuvieron noticias de los españoles desde 1502, cuando Cristóbal y Bartolomé Colón se encontraron con una canoa maya frente a la costa norte de Honduras, no lejos de la Isla de Guanaja, que Colón bautizó con el nombre de Isla de Pinos.

[15] La referencia es al establecimiento definitivo de los españoles en la península.

[16] El primer obispo de Yucatán, Fray Francisco Toral, llegó a la península en 1562, en el Katun 9 Ahau.

[17] El "colgamiento" (no ahorcamiento) a que se refiere el cronista es sin duda la tortura impuesta por Landa en 1562. Ver Scholes y Adams (1938, *passim*).

[18] Landa, siendo obispo de Yucatán, murió en Mérida el 19 de abril de 1579.

[19] Los Pech se refieren también al establecimiento de los Padres en Yokhá en 1552. Ver Martínez Hernández (1926, p. 21).

[20] Hay aquí un error, pues sin duda se refiere al oidor Tomás López, que llegó a Yucatán en 1562, y a la fundación del Hospital de Nuestra Señora del Rosario, que se verificó el mismo año de 1562.

[21] Nuevo error: el Dr. Diego Quijada, alcalde mayor de Yucatán y auxiliador de Landa en sus aventuras inquisitoriales, llegó en 1562 y fue depuesto en 1565. Véase Scholes y Adams (1938).

[22] Otra alusión al "colgamiento". Véase n. 17. Además Lizana (1893, f. 9r).

[23] Otra vez se nota error. El mariscal D. Carlos de Luna y Arellano llegó a Mérida, como gobernador de Yucatán, en agosto de 1604 y gobernó hasta marzo de 1612. A las cisternas que mandó construir se refieren Cogolludo (1868, vol. II, pp. 141-142) y Sánchez de Aguilar (1937, p. 186).

156

[24] Véase Sánchez de Aguilar (1937, pp. 138-139), que se refiere a la conspiración de los indios en Tekax en 1610.

LOS TEXTOS PROFÉTICOS
Primera Rueda

1 *Ichcaansiho* es el antiguo nombre de la actual ciudad de Mérida. Si históricamente no tiene este lugar la importancia que tienen otros sitios, religiosamente es uno de los más importantes, especialmente como "asiento" del Katun 11 Ahau, por ser el lugar que escogieron los españoles para capital de su dominio precisamente en un Katun 11 Ahau. El nombre ha sufrido cambios. Una vez aparece como *Siho'* en el texto del Cuceb (Año 8 Kan). Los cronistas españoles y aun algunos indígenas, registran *Ti Ho'* o *T-ho'*. Esta última forma es la que actualmente usan los nativos. La traducción de *Ichcaansiho* ha sido siempre un problema. Además de significar Faz-del-nacimiento-del-cielo, puede significar Entre-los-altos-sihoes, tomando *siho* como el nombre de un árbol aún no identificado; sin embargo, el *Amole Sapindus saponaria*, árbol muy común en la península, tiene un nombre que varía mucho ahora, pero siempre conserva el elemento *sih* en las menciones más antiguas. El Diccionario de Motul registra *çihom* (*Zihom* en la edición de 1929); actualmente se escucha *sihum, sibul, subul* y otras. Landa también escribe *cihom* al referirse a la función que tenía la planta en la ceremonia de la pubertad que él llama bautizo (véase Landa, ed. yuc., 1938, p. 46, escrito *cihom*). Esta ceremonia se llamó, según el mismo Landa, *caputsihil*, es decir, segundo nacimiento o renacimiento. *Sih(il)* es la parte que significa nacer o nacimiento y de ahí la relación de *Sihom* con la ceremonia. *Siho* en Ichcaansiho, puede ser otra variante de *Sihom*. La *m* que falta estaría suplida por la clausura glotal con que se pronuncia *siho: (siho')*. Existen actualmente varios lugares en la península con el nombre *siho* y *sihomal*. *Ich* puede significar rostro o el lugar donde hay abundancia de algo, y *caan*, alto o cielo.

Ichcaansiho viene a veces acompañado de uno cualquiera de estos otros nombres antecediéndolo: *Chacnacultun* o *Saclactun* (Cuceb, Año 13 Muluc). *Chacnacultun* se traduce Lugar-de-las-grandes-piedras-labradas-recostadas, y *Saclactun*, Piedras-labradas-blancas.

2 Cada katun tenía un "asiento", el lugar donde reinaría, el lugar de su trono, de su estera, signos de dominio. El lugar parece que tenía relación con algún acontecimiento histórico, acaecido en él durante el transcurso de un katun previo de igual denominación, como en el caso del 11 Ahau, que

tuvo por asiento a Ichcaansiho porque allí se consumó la conquista española. Por esta misma razón se comenzó a contar el primero en la serie de trece.

[3] Así como tuvo cada katun un lugar de asiento en la tierra, tuvo también un rostro en el cielo, que generalmente sería una deidad celestial, posiblemente una estrella o constelación. En este caso *Yaxal chac*, el rostro del Katun 11 Ahau, pudo no ser estelar sino la deidad de la lluvia, *Chac*, de color verde. Hay que recordar que los chaques eran cinco: uno rojo del oriente, uno amarillo del sur, uno negro del poniente, uno blanco del norte y uno verde del centro. *Yax*, verde, no solamente significaba el color, sino preciosidad, calidad primordial y perfección.

[4] "Sonará el atabal, sonará la sonaja…" En relación con esta doble expresión, Roys (1933, p. 78) reproduce, tomado de Gann (1900) parte de los frescos de Santa Rita, Honduras Británica, en la que un personaje, ricamente ataviado, agita una sonaja con una mano en alto y con la otra hace resonar un *huéhuetl* que lleva en su cuerpo una calavera de cuya boca surge una doble corriente de volutas que representan el sonido, una baja y otra sube; además, del parche del atabal sube una tercera corriente que alcanza el sol. Detrás del personaje aparece la fecha 7 Ahau.

[5] *Yaxal Chuen*, Gran-mono-artífice, *Ixkanyulta*, Preciosa-garganta, una deidad que nos recuerda a uno de los dos héroes quichés Hun Batz y Hun Chouén, que "eran flautistas, cantores, tiradores con cervatana, pintores, escultores, joyeros, plateros…", según el *Popol Vuh* (Recinos, 1947, p. 122). Estos hermanos gemelos tuvieron a su vez dos hermanos también gemelos quienes los convirtieron en monos. Se menciona muchas veces en el libro citado la habilidad que para las artes tuvieron aquéllos. Al final de la narración respectiva se dice: "…eran invocados por los músicos y los cantores…" "Invocábanlos también los pintores y talladores en tiempos pasados. Pero fueron convertidos en animales y se volvieron monos porque se ensoberbecieron y maltrataron a sus hermanos… Habían vivido siempre en su casa; fueron músicos y cantores e hicieron también grandes cosas cuando vivían con la abuela y con su madre" (pp. 146-147). Según hace notar Recinos (p. 146), el P. Las Casas (1909, p. ccxxv) refiere que los pintores y talladores de Yucatán invocaban a *Hunchouen* y a *Hunahau* y que eran hijos de *Ixchel* e *Itzamna*.

Yaxal es un adjetivo que denota "bienaventuranza, beatitud, dicha, ventura… premio, galardón de las buenas obras, mérito, gracia", según Zúñiga (véase *Raxal*, el equivalente

158

pokomchí). *Chuen* es el nombre del día del calendario maya que corresponde al día *Ozomatli* del nahua, que significa mono, y al día *Batz* del calendario quiché, que también significa mono. *Chuen* en maya yucateco, según el Diccionario de Motul, significa artífice: *"ah chuen:* artífice oficial de algún arte".

En la arqueología de Yucatán se encuentran vasos-sonajas y flautas decoradas con monos.

⁶ En otra nota se explica el significado de *Nicté,* que es el nombre de la Flor de Mayo —*Plumeria*—. *Kay Nicté* significa Cantar-a-la-flor o Canto-de-la-flor, es decir, Cantar-al-amor. Es un rito que practican las mujeres, en noche de luna, en un *chaltun* —depósito de agua en la roca— o en un cenote. Es para atraer al hombre esquivo o al que abandonó a su amada. Esta es la paciente en la ceremonia, que consiste en una danza en la que se recitan unas fórmulas mágicas ordenando al hombre venir o regresar a ella "como manso animal doméstico". La danza se hace alrededor de la paciente que se sumerge en el agua, desnuda, recibiendo puñados de flores *Plumeria,* especialmente de una especie silvestre llamada en maya *Thulunhuy.* Oficia como sacerdotisa una mujer, generalmente anciana, iniciada en el rito. Las danzantes no deben ser menos de cinco y dan nueve vueltas en un sentido y nueve en el otro. Al salir la paciente, terminado el acto, debe recoger alguna de las flores y un poco del agua para preparar alimentos y amuletos para el amante.

⁷ Esta expresión es muy frecuente en los textos indígenas. No se refiere a hermanos en sentido biológico, sino que es una forma política y elegante para designar, tal vez, clases sociales, al parecer, cuando el que habla se dirige a grupos no homogéneos de población.

⁸ *Uucil Yabnal,* Siete-aguas-suyas, es sin duda uno de los nombres de Chichen Itzá. Es también asiento del Katun 6 Ahau y del Katun 4 Ahau, en donde se muestra la relación con Chichen Itzá. Cf. Roys (1933, p. 133).

⁹ En el Cuceb se da el nombre de *Ah Buluc Am,* El-once-piedra-labrada, a Moctezuma. Véase *n.* 8, en p. 183. *Am* significa también araña.

¹⁰ *Ek Chuuah,* Negro-escorpión. *Ek Chuah* es variante de *Ek Chuen,* "alacrán negro que cría en las paredes" (Diccionario de Viena, f. 9r). Landa (1938, ed. yuc., p. 99) cita a esta deidad como uno de los patrones de los cacaoteros: "En el mes de Muan hacían los que tenían cacahuatales una fiesta a los dioses *Ekchuah, Chac* y *Hobnil* que eran sus abogados; íbanla a hacer a alguna heredad de uno dellos,

159

donde sacrificaban un perro, manchado por la color del cacao, y quemaban a los ídolos su enciense, y ofrecíanles iguanas de las azules y ciertas plumas de un pájaro y otras cazas; y daban a cada uno de los oficiales una mazorca de la fruta del cacao." Cogolludo (1867, vol. I, pp. 305-306) menciona a Ek Chuah, como patrón de los mercaderes, citando a Remesal: "Dice [Remesal], pues, que cuando el obispo D. Fr. Bartolomé de las Casas pasó a su obispado... encomendó a un clérigo que halló en Campeche llamado Francisco Hernández... que sabía la lengua de los indios, que los visitase con cierta instrucción de lo que les había de predicar, y a poco menos de un año le escribió el clérigo. Que había hallado un señor principal, que preguntándole de su religión antigua que observaban, le dijo: Que ellos conocían y creían en Dios, que estaba en el cielo, y que aqueste Dios era Padre, Hijo y Espíritu Santo, y que el Padre se llamaba Izona [Itzamna] que había criado los hombres, y el Hijo tenía por nombre Bacab, el cual nació de una doncella Virgen llamada Chiribias [Ixchebelyax], que está en el cielo con Dios, y que la madre de Chiribias se llamaba Ixchel, y al Espíritu Santo llamaban Echvah [Ek Chuah]. De Bacab, que es el Hijo, dicen que le mató e hizo azotar, y puso una corona de espinas, y que lo puso tendido los brazos en un palo, y no entendían, que estaba clavado sino atado, y allí murió, y estuvo tres días muerto, y al tercero día tornó a vivir, y se subió al cielo, y que está allá con su Padre. Y después de esto luego vino Echvah, que es el Espíritu Santo, y hartó la tierra de todo lo que había menester. Preguntado, qué quería significar aquellos tres nombres de las Tres Personas, dijo que Yzona quería decir el gran Padre, y Bacab, hijo del gran Padre, y Echvah Mercader, Chiribias suena Madre del Hijo del gran Padre."

En el Cuceb, Año Tun 4 Kan, se menciona una deidad con el nombre de Ah Uuc Chuuah, que puede ser otra manera de nombrar a Ek Chuuah.

11 Se ha traducido *Amayte Kauil* como Cuadrado-deidad en el sentido de Deidad de los cuatro ángulos del cielo, aunque en realidad no aparece en el nombre elemento alguno que se refiera al numeral cuatro. Para los mayas, igual que para otros pueblos de América, el cielo es cuadrado y esta deidad es del plano celestial. *Amay* en el maya yucateco significa esquina o cantero. *Amay* significa en pokomchí, según Zúñiga, "una especie de cañas montesas huecas y los canutos largos con que hacen flautas"; lo mismo en pokoman, según Morán. *Kauil* no aparece en los diccionarios yucatecos signi-

ficando deidad, pero en pokoman sí. según Morán. Sin embargo, lo tenemos en el nombre de *Itzamna Kauil* y en dos frases sinónimas en el Tizimín (f. 16v): *u binel u uich ku, u uich kauil*, donde *ku* y *kauil* valen ambas por deidad.

Por otra parte, la voz *Amayte* parece tener su traducción en nahua con la forma *Náuhyotl*, que expresa el mismo concepto, va que la etimología de *Náuhyotl* viene de *nahui*, cuatro, más el elemento desinencial *-yotl*, que sirve para la formación de nombres abstractos. La traducción de *Náuhyotl* es aproximadamente El-que-es-cuatro, o El-cuadrado, el de lo cuadrado, que, como se ve, corresponde al concepto encerrado en *Amayte*.

[12] *Nicté* es la *Xóchitl* de México, *Plumeria* sp. Las flores prehispánicas en relación con el ritual para la fecundidad. Sahagún da noticias sobre este tema en los altos de México, en su capítulo VII. que intitula "Del cuarto signo llamado *Ce Xochitl*": "Los hombres que nacían en él decían que eran alegres, ingeniosos y inclinados a la música y a placeres, y decidores, y las mujeres grandes labranderas y liberales de su cuerpo."

[13] "...cuando venga el agua al Quetzal, el agua al pájaro verde Yaxum..." El texto maya reza: *ca tali yemel u yaal Ix Kuk, yaal Ix Yaxum*... El nombre del Quetzal en maya de Yucatán es *Kuk* (compárese Sáenz de Santa María 1940, p. 231: "*k'uk'*... quetzal, perica, guacamava; plumas verdes con que bailan"), aunque no aparezca en los diccionarios de esta lengua; pero *kuk* es raíz de "*kukum*: pluma de ave en general", según el Diccionario de Motul. Además se encuentra en el compuesto *Kukulcan*. En los textos no aparece nunca el nombre *Ix Kuk* sin estar acompañado de *Ix Yaxum*, que está como sinónimo, aunque en algunos vocabularios de otros dialectos mayances aparezca la variante *raxom* como nombre de pájaro azul no identificado (Sáenz de Santa María, 1940, p. 328). Sin embargo, Recinos (1947) identifica, al anotar (p. 89) una frase paralela del *Popol Vuh*, el raxon de este texto como el ave *Cotinga amabilis*, de color azul celeste y pecho y garganta morados, sustentándose en Basseta, que registra *raxom*, un pájaro de pecho musgo y alas azules y en que el nombre de la *Cotinga* mencionada en la lengua vulgar de Guatemala se llama *ranchon*. De todos modos, nos parece que en la fórmula *Ix Kuk Ix Yaxum* del maya y su paralela quiché *pa guc pa raxón*, se hace referencia a una sola ave, al quetzal. *Yax* y su equivalente *rax* del quiché y del cakchiquel significan primariamente verde y el sufijo

de vocal más *m* (*-um* u *-om*) es signo de nombres de acción o sustantivos. *Yaxum* o *raxom* significan el que es verde.

14 *Xuch Ueuet* es nombre de la lengua nahua, aparentemente del dialecto olmeca mexicano (*-t* en lugar de *-tl*). Está compuesto de *Xuch(itl)*, *flor*, y de *Uéuetl*, viejo o antiguo en su sentido lato, pero que cuando aparece combinado con nombres de personajes indica que al tomar el nombre de referencia otro individuo de la misma familia, al primero se le ha designado automáticamente con la voz *Ueuete* en composición con su nombre para indicar que él fue el primero que llevó tal nombre. A los demás individuos del mismo nombre se les llama, al segundo, cuando hay un tercero, fulano *teomeca*, que quiere decir segundo de nombre tal. Al tercero, fulano tercero, etc. Estas formas de diferenciación se conocen en los documentos únicamente en relación con individuos de familias nobles y sólo funcionan cuando éstos toman cargos públicos de gran importancia (véase *n.* 11, en p. 155).

15 *Yax Coc Ah Mut* es sin duda el nombre de una estrella o grupo de estrellas. Aparece juntamente con *Yax Aclam*, Verde-tortuga; *Ah Chicum Ek*, Estrella-guiadora, y *Ah Ahsah*, Estrella-de-la-mañana, en el Katun 4 Ahau. No hay duda respecto de Yax Aclam; *ac* es tortuga en maya de Yucatán y el Diccionario de Motul registra "*ac ek:* las tres estrellas que están en el signo de Géminis, las cuales, con otras, hacen forma de tortuga". Tampoco hay duda en el nombre Chicum Ek, donde *ek* es estrella, y tampoco en Ah Ahsah, que también lo registra el Motul: "*Ah ahçahcab:* lucero de !a mañana." Yax Coc Ah Mut se toma por El-del-anuncio-tortuga-signo, porque *yax* significa verde; *coc* es nombre de una tortuga terrestre, generalmente llamada *coc ac*; *ah* es signo del actor masculino, y *mut* vale por anuncio, fama, señal.

Esta deidad es mencionada por Avendaño y Loyola (Ms., f. 29r/v): "...está un pedaso de pilar, de piedra[s] redonda[s], cuio sirculo, como tres quartas de ancho y una quarta de alto: es de piedras collocadas, con mescla de cal y çahcab que por acá se acostumbra y el medio rehinchido y envetunado, de suerte que es como una mesa redonda su peaña, sobre la cual y del simiento de d[ic]ha columna de piedra, hacia la parte del poniente, sale ynserta una carátula de piedra muy mal formada, a la qual adoran junto con la columna de piedra... llámase la tal columna con el título que le dan culto, yax cheel cab que quiere desir en su Ydioma, el primer arbol del mundo, y como en sus cantares antiguos e entendido (que ai pocos que los entiendan) quieren dar a entender que le dan culto por aver sido aquel el arbol de cuio fructo comió nuestro primer Padre Adan, que en su ydioma se llama X Anom, por lo poco que se conservó en gracia, y la carátula que está en d[ic]ho simiento de la d[ic]ha columna, le dan culto, con el título del hijo de Dios muy savio. En su lengua le llaman Ah cocahmut."

Landa (1938, ed. yuc., pp. 68-69) menciona tres veces a nuestra deidad: "Este año en el que la letra Muluc era dominical y el Bacab Canzienal reinaba, tenían por buen año, ca decían que era éste el mejor y mayor destos dioses Bacabes, y ansi le ponían en su oraciones el primero. Pero, con todo eso, les hacía el demonio hiciesen un ídolo llamado Yaxcocahmut y que le pusiesen en el templo y quitasen las imágenes antiguas, y hiciesen en el patio de delante del templo, un bulto de piedra en el cual quemasen de su encienso, y una pelota de la resina o leche Kik, haciendo allí oración al ídolo y pidiéndole remedio para las miserias que aquel año tenían, las cuales eran: poca agua y echar los maíces muchos hijos, y cosas desta manera; para cuyo remedio, les mandaba el demonio ofrecerle ardillas y un paramento sin labores, el cual tejiesen las viejas que tienen por oficio el bailar en el templo, para aplacar a Yaxcocahmut.—Tenían otras muchas miserias y malas señales, aunque era bueno el año, si no hacían los servicios que el demonio les mandaba; lo cual era hacer una fiesta y en ella bailar en muy altos zancos, y ofrecerle cabezas de pavos, y pan y bebidas de maíz; habían de ofrecerle perros hechos de barro con pan en las espaldas; y habían de bailar con ellos en las manos las viejas, y sacrificarle un perrito que tuviese las espaldas negras y fuese virgen; y los devotos dellos habían de derramar su sangre y untar la piedra de Chacacantún demonio con ella. Este servicio y sacrificio tenían por agradable a su dios Yaxcocahmut."—En algunos textos aparece *Yax Cocay Mut. Cocay* es el nombre de la luciérnaga en el maya yucateco, pero, aunque conviene el nombre a una estrella, nos parece más probable que la forma **Yax Coc Ah Mut** —que es la que más se repite— sea la correcta.

Brinton (1894, pp. 37-38) identifica a esta deidad con Itzamna y Thompson (1939, p. 161) traduce el nombre como "el pájaro Coc verde". En otro texto aparece una variante Ek Coc Ah Mut, cuyo elemento *Ek* lo toman Thompson y Roys como negro, pero ya vimos que también significa estrella. Cf. Tozzer (1941, p. 145).

¹⁶ El ramón, una morácea, *Brosimum alicastrum* Swartz, es un árbol de gran importancia económica actualmente en la península de Yucatán, especialmente porque sus hojas son utilizadas como forraje de bestias, especialmente caballos,

mulos, cabras y, en ocasiones, ganado bovino. El hombre maya es *ox*; aparece en los textos como planta que es utilizada en las épocas de hambre —es decir, cuando falta el maíz— para suplir la falta del cereal base de la alimentación indígena, aprovechando sus frutos. Ciertamente, sus frutos son comestibles y alimenticios y se tienen como lactógenos en algunas regiones del occidente del país donde la planta se llama capomo (Jalisco, Nayarit, etc.). En la actualidad se suele comer la semilla, que es una nuez redonda dicotiledónea de calidad harinosa, cubierta de una cáscara pulposa y dulce cuando madura. Esta cáscara se come cruda, no así los cotiledones, que se cuecen en agua agregándoseles azúcar o miel o friéndoseles después de molidos. En Honduras Británica se mezcla el fruto de ramón cocido y molido a la masa de maíz para preparar tortillas, según Thompson (1930). En la Antigüedad tuvo el ramón tanta o más importancia que ahora, pues es árbol que generalmente existe en los lugares que fueron poblados, inclusive los que hoy son lugares arqueológicos.

Juntamente con el ramón se menciona en el textos el *cup* o jícama cimarrona —*Calopogonium coeruleum* (Benth.) Hemsl.— como una de las plantas que se comían en épocas de hambre.

[17] Es de notarse que en los *Anales de Quauhtinchan* o *Historia Tolteca Chichimeca* (1947, p. 68) aparece una expresión similar a ésta, cuando el texto refiere que "las manos y los pies" de la Gran Tollan estaban formados por las veinte ciudades que le eran sujetas.

En relación también con estas referencias a los brazos y al centro de la tierra, debemos agregar aquí que en varios documentos mayas aparecen dibujos de tipo geográfico en los que se señalan lugares que son cabeza, corazón, brazos, etc. de una región. Véase por ejemplo en Chumayel (Roys, 1933, p. 86). Avendaño y Loyola (Ms., f. 59r) relata que halló unos edificios que estaban en la mitad de una provincia "que llaman el ombrigo de la tierra".

[18] *Pahuahtun*, Las-erguidas-columnas-de-piedra. Como se ha dicho ya, los Pahuahtunes eran deidades relacionadas con los puntos cardinales, las lluvias y los vientos. El nombre puede descomponerse así: "*paa* [*pa'*]: muralla o baluarte, castillo, torre o fortaleza"; *uah*, erguido: compárese "*uahom*: ha de pararse"; *tun*, piedra. Los ejemplos entre comillas son del Diccionario de Motul (véase Roys, 1930, apéndice A).

[19] *Ix Puc yolá*, La-señora-destructora-del-corazón-del-agua. *Puc* lo define el Diccionario de San Francisco (Ms.) así:

"deshacer como cosas de barro con la mano"; *y* es pronombre posesivo de tercera persona; *-ol*, corazón y *-a*, agua.

[20] *Ix Ual Icim*, La-señora-tecolote-de-alas-extendidas. *Ual* es término que significa extendido como hoja y con él se designa a las hojas de papel, a los abanicos y a las hojas grandes como las del plátano; *icim* es el tecolote de orejas *Bubo*, sp.

[21] La referencia a individuos con apariencia de sapos o a que "gritarán las ranas uoes a mediodía", son claras alusiones a cierta ceremonia del culto agrícola practicada hasta nuestros días que recibe el nombre de *Ch'achac*, que significa crear o tomar lluvia. De Basauri (1931) son estas líneas ilustrativas de la ceremonia, efectuada por indígenas mayas de Quintana Roo: "A espaldas de la milpa escogen y aplanan una extensión de terreno como de veinte metros cuadrados y en cada una de las esquinas levantan tablado sobre el cual se para un indio que representa una divinidad. En el centro de dicho espacio se congregan los demás asistentes, quienes tienen la misión de imitar el grito de los sapos y de las ranas, para atraer la lluvia..." Por su parte, Pacheco Cruz, un maestro de escuela yucateco, autor de un *Estudio etnográfico de los mayas del ex Territorio de Quintana Roo*, da una descripción del rito *ch'achac* ocurrido en Valladolid, Yuc., en que expone cómo ciertos individuos que intervienen en ella representan ranas y sapos: "Pero la escena más culminante e imponente fue a las tres en punto de la tarde; la hora suprema para ellos; observé que en cada uno de los cuatro palos que servían de columna al altar fueron atados por los pies a niños que deberían imitar a perfección el croar de la rana; fueron bautizados con los nombres de bez-much, uómuch, lec-much, i cárrillomuch..." (Mérida, 1937, p. 71).

[22] Entre los animales que simbolizan a los opresores, todos depredadores, se cuenta el oso melero, *cabcoh*, también llamado kinkaju o martica, un prociónido del género *Potos*; es nocturno, de cola prensil. Come aves, huevos, miel, insectos y frutas. Gaumer (1917, p. 220) dice de él: "Cuando se halla libre este animal, es algo cruel y sanguinario, aunque parece preferir el alimento vegetal."

[23] *Lahun Chable*, Diez-hoja-escamosa. *Lahun* es el numeral diez; *chab*, según el Diccionario de Motul, es "caspa muy espesa o sudor de la cabeza y mal olor de hedor de la muger"; *le'* es hoja. Existió un lugar llamado Chablé en la región de Bacalar (véase Cogolludo, 1867, vol. I, p. 132) y existe ahora en Tabasco. En Yucatán igualmente existen otros pequeños lugares con este nombre. Es también nom-

bre de familia en la península y aun en Tabasco. Cf. Roys (1930, p. 159).

24 *Lahun Chan*, Diez-poderoso. El nombre de esta deidad ha sido traducido "el dios del décimo cielo" por Roys (1930, pp. 100-101), quien lo identifica con una deidad que aparece en el Códice de Dresden, la cual está relacionada con el planeta Venus. Aun cuando es verdad que *Chan* significa cielo y serpiente en chol (*can* en maya yucateco por serpiente, *caan* para cielo), *chaan* (así con doble a) en Yucatán, según el Diccionario de Motul, es: "cosa bastante, suficiente y poderosa". Enumerando las deidades mayas, Cogolludo (1867, p. 317) dice: "Otro ídolo tenía los dientes muy disformes, llamado *Lakunchan.*" Sin duda, como cree Roys, esta deidad es la misma que el *Lahun Chaan* aquí mencionado. Lo de los dientes disformes es porque en maya yucateco *chaam* es muela, pero nunca aparece en los textos que estudiamos escrito el nombre de la deidad con *m* final, sino siempre con *n*, por lo que Cogolludo sufrió un error.

25 *Cit Bolon Ua*, Decidor-grandes-mentiras. Aun cuando *cit* se ha traducido por padre en otros nombres y *bolon* por nueve, este término no solamente es numeral sino también intensivo y el primero puede ser una forma de decir. *Ua* lo define el Diccionario de Motul como "mentir y trampear", De otro modo podría traducirse El-padre-nueve-mentiras.

26 De los cuatro Bacabes dice Landa (1938, ed. yuc., pp. 64-65) que eran "cuatro hermanos a los cuales puso Dios, cuando crió el mundo, de las cuatro partes del, sustentando el cielo no se cayese. Decían también destos Bacabes, que escaparon cuando el mundo fue del diluvio destruido. Ponen a cada uno destos otros nombres y señalanle con ellos a la parte del mundo que Dios le tenía puesto, teniendo el cielo; y aprópianle una de las cuatro letras dominicales a él y la parte que está; y tienen señaladas las miserias o felices sucesos que decían habían de suceder en el año de cada uno destos, y de las letras con ellos... La primera, pues, de las letras dominicales, es *kan*; el año que esta letra servía, era el agüero del Bacab que, por otros nombres llaman *Hobnil, Kanalbacab, Kanpauahtún, Kanxibchac*; a éste señalaban a la parte del medio día. La segunda letra es *Muluc*: señalábanle al oriente; su año era agüero el Bacab que llaman *Canzienal, Chaoalbacab, Chacpauahtún, Chacxibchac.* La tercera letra es *Ix*: su año era agüero el Bacab que llaman *Zaczini, Zacalbacab, Zacpauahtún, Zacxibchac*; señalábanle a la parte del norte. La cuarta letra es Cauac: su año era agüero el Bacab que llaman *Hozanek, Ekelbacab, Ekpauahtún, Ehxibchac*; a éste señalaban a la parte

166

del poniente". El nombre Bacab significa vertedor. Véase Diccionario de Motul: *"baac:* derramar agua o otro licor de vasija angosta". El sufijo *-ab* es instrumental.

[27] *Kinich Kakmó*, Guacamaya-de-fuego-de-rostro-solar, es una deidad que fue adorada en Izamal, como contraparte de Itzamna, aunque los datos sean por hoy confusos. Véase lo que Lizana (1893, f. 11r) dice de la deidad: "...Ytzamal, donde en la Gentilidad avia un templo donde adoravan un ídolo con figura del Sol, llamado en esta lengua de Maya Kinich Kakmó, que en la nuestra quiere decir, Sol con rostro, que sus rayos de varios colores, como las plumas de Guacamaya, qual fuego abrasavan los sacrificios. Y a este dios consultaban, como dicho es, para los temporales, enfermedades, pestes, y todas las cosas menesterosas para la vida humana; y del dizen recebian consuelo para lo que avian menester."

El nombre se descompone así: *kin* significa sol; *ich*, rostro; *kak*, fuego y *mo'* es el nombre de la guacamaya roja.

En el *Popol Vuh* (Recinos, 1947, pp. 103 *ss.*) aparece una deidad Vucub-Caquix, Siete-guacamaya, que se creía el sol, antes de que este astro brillase, y así decía: "Yo soy el sol, soy la claridad de la luna... grande es mi esplendor. Por mí caminarán y vencerán los hombres... y la faz de la tierra se ilumina cuando salgo frente a mi trono. Así, pues, yo soy el sol, yo soy la luna, para el linaje humano."

[28] "Hijos sin linaje materno" es una expresión ofensiva. Actualmente, en Yucatán se conserva el significado de la falta de madre. Una persona sin sentimientos humaniterios, que no respeta las instituciones sociales, que le falta buena educación, es una persona "que no tiene madre". Landa (1938, ed. yuc., p. 58), hablando de la educación de las mujeres, dice a este respecto: "Dicen, por mucho baldón y grave represión a las mozas mal disciplinadas, *que parecen mujeres criadas sin madre.*"

[29] El nombre de Uxmal puede ser aquí un error por Itzamal, que era lugar de Kinich Kakmó.

[30] Las dos plantas aquí mencionadas son de difícil identificación. Existen registrados los nombres *Kax*, una *Randie* e *Ixhouen*, una *Spondias*.

[31] Sobre los nombres de estas estrellas véase *n.* 15, en la p. 162.

[32] *Maycu*, Venado-tecolote, *Mayapan*, Estandarte-venado. Siempre ha sido un problema la interpretación del elemento *may* formativo de Maya y sus derivados. Pero *may* es forma derivada de una vieja raíz relacionada con la idea de apresar, coger, y de ahí que entre en la formación de va-

rias palabras que significan la acción de coger con las manos o la extremidad misma, mano o pie, del hombre y de los animales. Así tenemos que *mach* es coger con la mano y *may* es pezuña hendida, como *moch'* es pata de ave y *mool* garra de mamífero, etc. Con *may*, pezuña, se nombra al venado, aunque el Diccionario de Motul dice que se aplica al "venadillo pequeño criado en casa" (véase *ah may*), como con *mool* se designa al jaguar (*chacmool* o simplemente *mool*). Recuérdese que en los tonalamatl de la altiplanicie el día *mazatl*, venado, se representa a veces con sólo la pezuña del ciervo y que su correspondiente día maya *manik*, se representa con una mano en actitud de agarrar. El elemento *-cu* en *Maycu* lo tomamos como tecolote, pero puede ser un locativo, en cuyo caso significaría Venado-lugar. El nombre *maya* podría significar, por otra parte, Venado-agua, es decir, Venado del agua, ya que *-a* en los nombres mayas siempre se refiere al líquido. *Maycu* es uno de los nombres que acompañan a Mayapan que se discute en otro lugar.

33 "Marca del pie" y "huella del pie" parecen ser frases hechas en los documentos escritos por indígenas. Chimalpahin Quauhtlehuanitzin usa decir "con los cabellos amarrados [es decir, en plan de guerra] a imponer la huella del pie", para explicar la conquista de alguna población por los conquistadores y la humillación sufrida por los vencidos.

34 *Kinchil Cobá*, Chachalaca-de-rostro-solar, es aquí claramente un lugar. Sin embargo, Avendaño y Loyola (Ms., f. 29v) menciona este nombre como el de una deidad que es para los Itzaes, en 1696, "su vijía y sentinela que los defiende de todos sus contratiempos". Es posible, como creen Thompson (Thompson, Pollock, Charlot, 1932, p. 6) y Roys (1930, p. 82), que el nombre corresponda a la actual Cobá arqueológica. Es también posible que la principal deidad allí adorada en tiempos antiguos haya sido Kinchil Cobá. El nombre ha sido traducido Chachalaca-de-rostro-solar, en virtud de que *Kinchil* es forma reducida de *kin-ich-il*, siendo *kin*, sol; *ich*, rostro; *-il*, sufijo de genitivo. Cobá es uno de los nombres de la chachalaca, *Ortalis*, sp. Puede verse el Diccionario de Motul: "*ahcoba*: especie de faisanes llamados bach". En efecto, *bach* es el nombre más conocido del ave. Por otra parte, en la versión del texto de la profecía del mismo 13 Ahau que aparece en la Segunda Rueda, correspondiente al Libro de Tizimín, el lugar del asiento se llama *cabal ix bach*, el-pueblo-de-la-chachalaca, mientras que la versión de Chumayel tiene Kinchil Cobá allí como aquí. Esta ave es diurna, anuncia con sus gritos

tanto la salida como la puesta del sol y tiene en el rostro unas membranas rojas como las gallinas.

[1] Se hace referencia aquí al excesivo trabajo a que fueron sometidos los nativos cuando se construyeron los templos, especialmente la Catedral de Mérida.

[2] El texto maya dice *sac ibteeloob cab*. *Sac* denota blanco, pero también falso; *ibteel* se ha dejado sin traducir, porque es de muy difícil interpretación. El morfema *ib*, aislado, nombra a cierta clase de frijol, posiblemente *Phaseolus lunatus* L., frijol lima pequeño, pero aparece en algunos otros nombres como componente: *ibach*, el mamífero desdentado, *Dasypus* sp., llamado popularmente armadillo o armado en español; *ibin, ibnel* o *ibnil*, la placenta y el cordón umbilical de los mamíferos. También entra a formar parte del nombre de la víbora coralillo: *chac ib can*, que puede traducirse por serpiente-frijol-rojo. El segundo componente de *ibteel, teel*, puede *significar* "pierna o espinilla de la pierna"; "ser necesario", "la mucha o vieja costumbre, o maña que uno tiene de hazer algo", según el Diccionario de Motul, pero en estos casos no está unido sufijamente a otro nombre. Aparece antes de otro en el compuesto *teelchac*, que significa "raizes largas y gruesas de árboles que suelen estenderse mucho y descubrirse por el campo y caminar", según el Diccionario citado, pero que etimológicamente dice: las piernas o espinillas de Chac. Parece que hay un significado no accesible por hoy de *ib*, que se refiere a opresión o maldad.

[3] En un texto sin paralelo del Chumayel, Tantun está relacionado con Cozumel. Véase Roys (1933, p. 66). Tantun puede significar ante-la-piedra-preciosa.

[4] *Ixanom*, que aquí aparece como Eva, se tiene como Adán en varios otros documentos: en el Diccionario de Motul se lee una vez: "*anom*: el primer hombre, Adán", y otra: "*ix anom*: nuestro primer padre. *Vide yax cheel cab*". Es importante notar que envía al lector a ver *yax cheel cab*, pero no registra el artículo. Sin embargo, Avendaño y Loyola, precisamente al tratar del *yax cheel cab* es cuando se refiere a Ixanom (x Anom), "nuestro primer padre", con las mismas palabras del Diccionario. Ver *supra, n. 15*. Según Sáenz de Santa María (1940), *anom*, en cakchiquel, significa "el que se escapó" y *poi anom*, "el mortal".

[5] Montañas angulosas, es decir, las pirámides.

[6] Esta referencia a "ahorcar a los hombres de edad avan-

zada" durante el predominio de signos que propicia el Sol Nuevo, es decir, el ritual agrícola, se encuentra también en Avendaño y Loyola (1696), en que refiere que entre los Itzaes era costumbre matar a los viejos cuando llegaban a la edad de 50 años, para que no aprendiesen a ser brujos y a matar, costumbre que resulta lógica si se tiene en cuenta que la deidad rival del agua, el fuego, se representaba mediante un hombre viejo y con barbas, llamándose éste, por antonomasia, "el dios viejo", lugar que en nuestros días parece haber ocupado, entre otros varios, el Señor San José del culto católico, por representársele con la imagen de un hombre viejo y barbado.

7 De las hormigas que arruinan el maíz o destruyen "a las abejas meleras", trae Landa (1938, p. 71) una referencia al parecer inocente, pero de hecho llena del carácter hierático de todas las noticias que provenían de labios indígenas, particularmente cuando se referían a sus ideas religiosas: "Este año en que la letra era *Cauac* y reinaba el *Bacab Hozanek*, temían allende de la pronosticada mortandad por ruin, porque decían les habían los muchos soles de matar los maizales, y comer las muchas hormigas lo que sembrasen y los pájaros..."

8 *Silil* (o *Zilil*) lo toma Roys (1933, p. 54) por una forma de *zil*, nombre que, según Martínez Hernández le informó, se aplica a una palmera no identificada.

9 Sobre este particular es de interés conocer lo que dice Del Granado Baeza, cura de Yaxcabá, en su *Informe...* de 1813 (Mérida, 1937, pp. 7-8): "La segunda [superstición] es la que llaman Kex, que quiere decir cambio, y se reduce a colgar ciertas comidas y bebidas alrededor de la casa de algún enfermo, para el yuncimil, que quiere decir, para la muerte, o señor de la muerte, con lo que piensan rescatar la vida del enfermo. La tercera es colgar ciertas jícaras de bebidas, que llaman sacá, bajo las casas de colmenas para que no desamparen los corchos, o para que traigan mucha miel, o porque no enfermen sus dueños."

10 *Yuc* es el corzo americano, *Mazama pandora*, Merriam, cérvido de pequeño tamaño de color rojizo y cuernos sin ramificaciones.

11 *Bolay*, según el Diccionario de Motul, es el "nombre genérico a todo animal bravo y que mata"; *chac* vale por rojo o fuerte. Pero *Chacbolay*, conforme al mismo Diccionario, se aplica específicamente al "tigre bermejo y bravo".

12 *Ix pom kakil* dice el texto maya y esta fórmula, que literalmente significa La-del-fuego-de-copal, personificando,

170

quiere decir, según el Diccionario de Motul, "enfermedad de viruelas grandes" (el diccionario no antepone a *pom* el signo personal femenino). Las viruelas se llaman *kak*, fuego; actualmente son enfermedad santa; se las llama *santo kak*, fuego-santo, y están relacionadas con Cristo, por lo que también se las llama *u kakil cichcelem yum*, El-fuego-del-bello-Señor, y en español viruelas del Señor. La forma benigna está relacionada con la Virgen María y se la llama *u kakil ciichpam colel*, El-fuego-de-la-bella-Señora, y en español viruelas de la Virgen.

Acerca de la santidad de la viruela, Baqueiro Anduze (1937, p. 61) dice: "...ésta no se llama, por ejemplo, viruela sino precisamente la *Santa* Viruela. Si alguien cometiese la imprudencia de llamarla de otro modo, pondría en *grave* peligro la vida del enfermo, o se expondría él mismo a contraerlas, porque los *Yumil-Kak*, los tres duendecillos *dueños* o señores de esta enfermedad y a los que se les da la figura de tres niños, se sentirán profundamente disgustados..."

En Comitán, Chiapas, los tojolabales, según Basauri (1931, pp. 42 *ss*.), adoran a un santo, San Caralampio, como "abogado contra la peste y aire contagioso", especialmente contra la viruela, ya que surgió al culto popular a consecuencia de una epidemia de dicha enfermedad que hubo en la región comiteca el año de 1862 y desde entonces se convirtió su santuario en uno de los más famosos del país, a pesar de la oposición del clero por no figurar San Caralampio en el martirologio.

Es importante considerar la relación que existe entre la viruela y el fuego, palpable, no solamente en su nombre —fuego, copal— sino en su dedicación a Cristo y en algunos hechos colaterales como el que refiere Basauri que aconteció cuando un sacerdote, en 1910, se atrevió a aseverar desde el púlpito que el santo abogado de la enfermedad, San Caralampio, no figuraba en el martirologio cristiano: "pues esa misma noche, al tratar de encender una lámpara de alcohol, se inflamó todo el contenido del depósito, y el sacerdote recibió quemaduras en el rostro".

[13] Véase *n*. 9, en p. 182.

[14] *Ax*, otro término cuyo significado es de difícil interpretación. Significaba y significa aún ahora verruga y no se le conoce otra acepción.

[15] "...los cinco estados del país llano." El texto maya dice *hotzuc chakan*, literalmente las-cinco-divisiones-de-la-sabana. El Katun 1 Ahau de que aquí se trata tuvo como asiento a Emal, un lugar que posiblemente sea el mismo

que se encuentra en la costa norte de Yucatán un poco al oriente del meridiano de Tizimín. En aquellas regiones hay abundantes sabanas o "países llanos", en el sentido de llanura sin árboles. Sin embargo, Mérida, la antigua Ichcaansihó, está en un territorio que perteneció a la provincia o pequeño Estado de Chakan, que significa sabana, porque está rodeada de tal clase de terreno.

[16] Respecto al sacrificio de infantes en relación con el culto agrícola, obsérvese lo que dice Sahagún (1938, pp. 119-121) de los altos de México: "Al tercero mes llamaban *tozoztontli:* en el primero día de este mes hacían fiesta al dios llamado *Tláloc,* que es dios de las pluvias. En esta fiesta mataban muchos niños sobre los montes; ofrecíanlos en sacrificio a este dios y a sus compañeros para que los diesen agua...

"En este mes Atlcahualo mataban muchos niños: sacrificábanlos en muchos lugares y en las cumbres de los montes, sacándoles los corazones a honra de los dioses del agua, para que les diesen agua o lluvias.

"A los niños que mataban componíanlos con ricos atavíos para llevarlos a matar, y llevábanlos en unas literas sobre los hombros, y las literas iban adornadas con plumajes y con flores: iban tañendo, cantando y bailando delante de ellos.

"Cuando llevaban a los niños a matar si lloraban y echaban muchas lágrimas, alegrábanse los que los llevaban, porque tomaban pronóstico de que había de tener muchas aguas ese año...

"En las calendas del primer mes del año, que se llamaba *quauitleóa,* y los mexicanos le llamaban *atlcahualo,* el cual comenzaba segundo día de febrero, hacían gran fiesta a honra de los dioses del agua o de la lluvia llamados *Tlaloque;* para esta fiesta buscaban muchos niños de teta, comprándolos a sus madres; escogían aquellos que tenían dos remolinos en la cabeza y que hubiesen nacido en buen signo: decían que éstos eran más agradable sacrificio a estos dioses, para que diesen agua en su tiempo. A estos niños llevaban a matar a los montes altos, donde ellos tenían hecho voto de ofrecer; a unos de ellos sacaban los corazones en aquellos montes, y a otros en ciertos lugares de la laguna de México. El un lugar llamaban *Tepetzinco,* monte conocido que está en la laguna; y a otros en otro monte que se llama *Tepepulco,* en la misma laguna; y a otros en el remolino de la laguna que llaman *Pantitlan.* Gran cantidad de niños mataban cada año en estos lugares; [y] después de muertos los cocían y comían.

"En esta misma fiesta, en todas las casas y palacios levantaban unos palos como varales, en las puntas de los cuales ponían unos papeles llenos de gotas de *ulli*, a los cuales papeles llamaban *amatetéuitl;* esto hacían a honra de los dioses del agua. Los lugares donde mataban los niños son los siguientes: el primero se llama *Quauhtépetl:* es una sierra eminente que está cerca de Tlatelolco. A los niños, o niñas que allí mataban poníanles el nombre del mismo monte, que es *Quauhtépetl;* a los que allí mataban componíanlos con los papeles teñidos de color encarnado. Al segundo monte sobre el que mataban niños llamaban *Ioaltécatl;* es una sierra eminente que está cabe Guadalupe; ponían el mismo nombre del monte a los niños que allí morían, que es *Ioaltécatl,* [y] componíanlos con unos papeles teñidos de negro con unas rayas de tinta colorada. El tercer monte sobre que mataban niños se llama *Tepetzinco;* es aquel montecillo que está dentro de la laguna frontero del *Tlatelolco;* allí mataban una niña y llamábanla *Quetzálxoch* porque así se llamaba también el monte por otro nombre; componíanla con unos papeles teñidos de tinta azul. El cuarto monte sobre que mataban niños se llama *Poyauhtla* [y] es un monte que está en los términos de Tlaxcala, y allí, cabe Tepetzinco, a la parte de oriente tenían edificada una casa que llamaban *ayauhcalli,* en esta casa mataban niños a honra de aquel monte y llamábanlos *Poyauhtla,* como al mismo monte, que está acullá en los términos de Tlaxcala; componíanlos con unos papeles rayados con aceite de *ulli.* El quinto lugar en que mataban niños era el remolino o sumidero de la laguna en México, al cual llamaban *Pantitlan;* a los que allí morían llamaban *epcóatl;* el atavío con que los aderezaban eran unos atavíos que llamaban *epnepaniuhqui.* El sexto lugar o monte donde mataban estos niños se llama *Cócotl;* es un monte que está cabe Chalco Atenco; a los niños que allí mataban llamábanlos *Cócotl,* como al mismo monte, y aderezábanlos con unos papeles la mitad colorados y la mitad leonados. El séptimo lugar donde mataban los niños era un monte que llaman *Yiauhqueme,* que está cabe *Atlacuihuaya;* poníanlos el nombre del mismo monte; ataviábanlos con unos papeles de color leonado.

Estos tristes niños antes que los llevasen a matar aderezábanlos con piedras preciosas, con plumas ricas y con mantas y *maxtles* muy curiosas y labradas, y con cotaras muy labradas y muy curiosas, y poníanlos unas alas de papel como ángeles y teñíanles las caras ocn aceite de *ulli*, y en medio de las mejillas les ponían unas rodajitas de blanco; y poníanlos en unas andas muy aderezadas con plumas ricas y con otras joyas ricas, y llevándolos en las andas, íbanles tañendo con flautas y trompetas que ellos usaban. Y por donde los llevaban toda la gente lloraba, cuando llegaban con ellos a un oratorio que estaba junto a *Tepetzinco*, de la parte del occidente, al cual llamaban *Tozocan;* allí los tenían toda una noche velando y cantábanles cantares los sacerdotes de los ídolos, porque no durmiesen. Y cuando ya llevaban los niños a los lugares a donde los habían de matar, si iban llorando y echaban muchas lágrimas, alegrábanse los que los veían llorar porque decían que era señal que llovería muy presto. Y si topaban en el camino algún hidrópico, teníanlo por mal agüero y decían que ellos impedían la lluvia."

KATUNES AISLADOS

1 Landa refiere que los ídolos de madera eran apreciados sobre los de cualquier otro material, y asimismo considerados como lo más valioso en las herencias. Entre estos "ídolos" hay que considerar las máscaras de madera, que parecen haber sido insignias que usaban los príncipes, con los atributos de determinada deidad. En el testimonio de Juan Dzul de Hocabá, obtenido en la información contra la idolatría por Fray Francisco Toral, primer Obispo de Yucatán, en 1562, que reproducen Scholes y Adams (1938, vol. I, p. 137), se lee: "Preguntado si este declarante ha tenido ídolos y libros, dijo que es verdad que ha tenido ídolos y libros y máscaras, y cuatro máscaras trajo... El testigo Francisco Cen, en la misma ocasión, declaró "que cuando sacrificaron y mataron a la dicha muchacha tenían presentes treinta o cuarenta ídolos de barro pequeños y más de veinte máscaras de palo, los cuales tenían con rama aderezados".

2 *Ah Canul*, El-guardián. A la gente "mexicana" que los Cocom tuvieron en Mayapan para su protección se les llamó Ah Canul. Según Landa (1938, ed. yuc., p. 18), "porque eran extranjeros, y que así los dejaron dándoles facultad para que poblasen pueblo apartado para si solos o se fuesen de la tierra, y que no pudiesen casar con los naturales de ella sino entre ellos, y que éstos escogieron quedarse en Yucatán y no volver a las lagunas y mosquitos de Tabasco, y poblaron en la provincia de Canul que les fue señalada, y que allí duraron hasta las guerras segundas de los españo-

les". Esta provincia estaba situada en la parte occidental de la península comprendiendo la región de Calkini y la costa adyacente.

[3] La referencia a "entonces será el teñirse de añil" halla confirmación, como costumbre, en Landa, pareciendo que el embadurnamiento con la pasta azul hecha de añil llamada en maya *ch'oh*, se relacionaba con ritos de la fecundidad, es decir, con el ritual agrícola. Refiere Landa (1938, ed. yuc., pp. 51-52, 85 y 97), en su capítulo "Sacrificios y Mortificaciones Crueles y Sucios de los yucatanenses. Víctimas Humanas Matadas a Flechazos y Otros", una especial manera de matar en la cual entraba el embadurnarse con pasta azul de añil:

"Y llegado el día, juntábanse en el patio del templo; y si había de ser sacrificado a saetadas, desnudábanle en cueros y untábanle el cuerpo de azul, con una coroza en la cabeza; y después de alanzado el demonio, hacía la gente un solemne baile con él, todos con arcos y flechas alrededor del palo; y bailando, subíanle en él y atábanle, y siempre bailando y mirándole todos. Subía el sucio del sacerdote vestido y, con una flecha en la parte verenda, fuese mujer u hombre, le hería y sacaba sangre; y bajábase y untaba con ella los rostros al demonio; y haciendo cierta señal a los bailantes, le comenzaban a flechar por orden, como bailando pasaban a priesa, al corazón, el cual tenía señalado con una señal blanca; y de esta manera poníanle todos, los pechos en un punto, como erizo de flechas.

"Si le habían de sacar el corazón, le traían al patio con gran aparato y compañía de gente y, embadurnado de azul y su coroza puesta, le llevaban a la grada redonda, que era el sacrificadero; y, después que el sacerdote y sus oficiales untaban aquella piedra con color azul y echaban, purificando el templo, al demonio, tomaban los *chaces* al pobre que sacrificaban, y con gran presteza le ponían de espaldas en aquella piedra y asíanle de las piernas y brazos todos cuatro, que le partían por medio."

También da el mismo cronista noticias de la pasta azul de añil en las ceremonias del mes *Yaxkín*: "En este mes de Yaxkín, se comenzaban a aparejar como solían, para una fiesta que hacían general en *Mol*, en el día que señalaba el sacerdote, a todos los dioses; llamábanla *Olob-Zab-Kamyax*. Lo que después, juntos en el templo y hechas las cerimonias y sahumerios que en las pasadas hacían, pretendían era untar, con el betún azul que hacían, todos los instrumentos de todos los oficios, desde el sacerdote hasta los husos de las

175

mujeres y los postes de sus casas"; y finalmente, en ceremonias del ritual agrícola efectuadas en el mes *Mac*: "Esto hecho con su devoción acostumbrada, untaban el primero escalón del montón de las piedras con lodo del pozo, y los demás escalones con betún azul, y echaban muchos sahumerios y invocaban a los Chaces y a Izamná con sus oraciones y devociones, y ofrecían sus presentes."

4 La referencia "estucarán con pintura", atañe a la costumbre que parece haber existido de pintar y remozar las casas habitaciones en los pueblos sometidos, por sus moradores, como indicación de rebeldía y preludio de dificultades para los caciques que tenían sumisa la población. En Chimalpahin Quauhtlehuanitzin se encuentra que estando los mexicas en Culhuacán, Cerro de la Estrella, sometidos a los señores culhuas, estucaron con pintura sus casas "durante cuatro años", como manifestación de su rebeldía contra el gobierno culhua, tutela de la que al fin se independizan y aun sojuzgan (Silvia Rendón, 1947, Ms.).

5 *Bolon Mayel*, según el Diccionario de Motul, es "qualquier olor suavíssimo y trascendente".

Bolon Dzacab, según el Diccionario de Motul, es "cosa perpetua". *Dzacab* significa generalmente generación, grado de parentesco.

6 *Piltzintecuhtli* es vocablo mexicano. Se le identifica como "el sol joven". Está compuesto de *pil(li)* infante, más la forma reverencial *tzin*, y la palabra *tecuhtli*, príncipe, señor. Su papel en la mitología es oscuro y bastante confuso.

7 *Ixtab* fue la deidad patrona de los que se ahorcaban. Véase lo que asienta Landa (1938, ed. yuc., p. 62): "Decían también, y tenían por muy cierto, iban a esta su gloria los que se ahorcaban; y así había muchos que con pequeñas ocasiones de tristezas, trabajos o enfermedades, se ahorcaban para salir dellas, y ir a descansar a su gloria, donde decían los venía a llevar la diosa de la horca que llamaban *Ixtab*." En efecto, en el Códice de Dresden 53a, aparece una deidad femenina con una cuerda en la garganta, de la que pende. La palabra *tab*, en maya de Yucatán, significa, según el Diccionario de Motul: "cordel o cuerda con que los indios atan y llevan las cargas a cuestas", "atadero, cuerda, ramal con que se ata algo", y también: "horca donde ahorcan a los malhechores; *unde tab cal:* ahorcarse uno mismo". Cita Landa también (*op. cit.*, p. 79), como diosa de la caza, a *tabai* (en la edición mencionada mal transcrito, acoplándose dos nombres: *Zipitibai* que debe leerse *Zip* y *Tabai*). Sin duda se refiere a la misma deidad, quizás como pa-

176

trona de la caza con lazos. La forma *tabal* está compuesta de *tab* más el sufijo *-ai* o *-ay*, que denota acción, ejercicio. Es importante hacer notar que actualmente la deidad *tabai*, llamada más comúnmente *Ixtabai* o *Xtabai*, se ha transformado en un demonio con función de profilaxis social, pues aparece como una bella mujer con el cabello suelto, en los caminos, para atraer a los hombres, que la siguen engañados para recibir sólo la muerte. Vive en las ceibas o en las grutas; en ocasiones se convierte en un nopal o en una serpiente de doble cola, al ser abrazada por el hombre que la sigue. En algunas versiones de sus hazañas las víctimas son ahorcadas, ahogadas por la doble punta de la cola de la serpiente, apuñaladas o simplemente se vuelven locas.

[8] La mención constante de que "se escalará lo alto de los montes" o "arderá lo alto de los montes" durante el predominio de los símbolos celestiales hace pensar desde luego en el culto agrícola de los altos de México, que se celebraba en la cima de los cerros donde se juntaban nubes, a honra de Tlaloc, de quien dice Sahagún (1938, pp. 17, 48-51 y 102):
"Este dios llamado Tlaloc Tlamacazqui era el dios de las lluvias. Tenían que él daba las lluvias para que regasen la tierra, mediante la cual lluvia se criaban todas las yerbas, árboles y frutas y mantenimientos; también tenían que él enviaba el granizo y los relámpagos y rayos, y las tempestades del agua, y los peligros de los ríos y de la mar. En llamarse Tlaloc Tlamacazque quiere decir que es dios que habita en el paraíso terrenal, y que da a los hombres los mantenimientos necesarios para la vida corporal: los servicios que se le hacían están en el segundo libro, entre las fiestas de los dioses."

[9] *Ah Mucen Cab*, El-que-guarda-la-miel. Aparece a veces como *Ah Muzen Cab*. Actualmente existen entre los mayas de Quintana Roo, según Redfield, los Mulzen Cab, deidades apícolas residentes en Cobá. Véase Roys (1933, p. 64).

[10] Según las noticias que se tienen en las fuentes sobre el tizne y el entiznamiento, tal rito se efectuaba en ocasión de penitencias. Aquí, sin embargo, su sentido es el de haberse usado como afrenta y vergüenza.

[11] Respecto al sacrificio de "huérfanos de madre, huérfanos de padre", es decir, de gentes que carecían de protección, véase lo que dice Landa (1938, ed. yuc., p. 51): "Que sin las fiestas en las cuales, para la solemnidad de ellas, se sacrifican personas, también, por alguna tribulación o necesidad, les mandaba el sacerdote o chilanes sacrificar personas; y para esto, contribuían todos para que se comprasen escla-

vos, o algunos de devoción daban sus hijitos, los cuales eran muy regalados hasta el día y fiesta de sus personas, y muy guardados que no se huyesen o ensuciasen de algún carnal pecado..."

12 "...se enrosque el cogollo del henequén *ch'elem.*" El ch'elem es uno de los agaves nativos de Yucatán —¿*Agave ixtli?*—. Crece silvestre, sobre todo en los terrenos pedregosos y, naturalmente, es de gran resistencia a las sequías. La expresión, pues, se refiere a un exceso tal de calor solar que ni siquiera las plantas como el *ch'elem* podrían soportar.

13 El norte y el poniente son regiones de donde vienen males. De ambas soplan vientos que enferman, el *xaman caan*, viento del norte, y el *chikin ik*, viento del poniente, son temidos, porque producen enfermedades. El primero porque es frío y el segundo porque de esa región viene todo lo malo. Cuando sopla el *chikin ik*, las madres ocultan a sus niños para que ese viento no los dañe.

14 *Mucuy* es el nombre maya de Yucatán de la tortolilla *Columbigallina* de cualquier especie. Es término aplicado a veces a las mujeres, especialmente a las púberes, actualmente.

15 *Ah Ektenel Ahau*, El-Señor-de-la-flauta-negra; *Chactenel Ahau*, El-Señor-de-la-flauta-roja; *Sactenel Ahau*, El-Señor-de-la-flauta-blanca. Los elementos que en estos nombres se refieren al color son *Ek, Chac* y *Sac. Ahau* vale por Señor. *Tenel* está traducido por flauta, aunque pudiera ser músico. En los diccionarios yucatecos no existe el término *tenel*, pero en el huasteco de Tapia Zenteno (p. 85) se halla: "Tocar instrumento, *Teney.*" El que los toca: *Tenel.* Cf. cakchiquel *tunan*, tocar la trompeta (Sáenz de Santa María, 1940, p. 374). En el maya yucateco, *chul* es el nombre de la flauta. En la región huasteca de San Luis Potosí se le suele llamar *ten* a la flauta.

16 Aquí hay una interpretación, al parecer popular, del nombre *chilan* que es como a veces viene escrito. Según el maya moderno, *chil* es el morfema que denota la idea de echarse, acostarse, y *chila'an* significa acostado, tendido. Pero en el siglo XVI, según los diccionarios conocidos, este morfema tenía la forma *chel* y el participio correspondiente era *chela'an* y no *chila'an*. El nombre *chilam* viene de boca, en el sentido de habla, según se ha explicado en la introducción general.

17 Obsérvese el paralelismo que presenta esta oscura expresión: "será el tiempo del bastón de oro y será el tiempo

de la cera blanca", con una escena descrita en los *Anales de Quauhtinchan* en que uno de los personajes, el sacerdote *Quetzaltehuéyac*, "hundió su bastón en el interior de la cueva del cerro de Colhuaca y de adentro vino pegada a su bastón una abeja de miel, al sacar él su bastón. Por este motivo se llamó Xicotopilli (bastón de abeja)" (1947, p. 90). Siguiendo la relación del texto, se ve que la "abeja de miel" que salió pegada al bastón del personaje es uno de los propios individuos que dentro del "Cerro de Colhuaca" estaban reunidos, y que éstos, por otra parte, se llaman a sí mismos "abejitas montesas de miel", todo lo cual parece colocar nuevamente al estudioso frente a otro de los frecuentes problemas derivados del uso de nombres y símbolos totémicos del México antiguo, en este caso abejas y bastones que llevarían insignias apícolas, que según parece serían abejas auténticas, tales como la cera.

[18] Compárese lo que dice Cogolludo (1867, p. 284): "...junto al edificio del templo en algunas partes hay otro, donde vivían unas doncellas, que eran como monjas, al modo de las vírgenes vestales de los romanos. Tenían su superior, como Abadesa... por la guarda de su virginidad, y de los que estaban a su cargo. Tenían portera para guarda de su recogimiento, y cuidaban del fuego que había continuo en los templos, y si se apagaba, tenían pena de la vida, a quien le cabía tener cuidado de ello."

[19] "Haríais el papel de venado", es decir, seríais sacrificados como venados. Véase lo que Juan Magaña dice en su "Relación de Zotuta y Tibolon", en Landa (1938, ed. yuc., pp. 269 *ss.*) a respuesta 14: "Adoraban a ídolos hechos de piedra y palo y de barro, que ellos propios hacían: y tenían sus sacerdotes que ellos llaman *alquines* [*ah kines*], que hacían el sacrificio por el pueblo, quera dalles sangre de venados y otros animales; quieren decir que sacrificaban sangre y corazones de hombres, quemándoles incienso de la tierra, que acá llaman *copal*."

Cuando la conquista española se verificó, existía la tradición de que antes de la penetración del culto a Quetzalcóatl, los mayas no eran idólatras. Juan de la Cueva Santillán, en su "Relación de Isamal y Santa María", incluida en la obra ya citada (pp. 187 *ss.*), en la misma respuesta 14 dice: "Dícese que los primeros pobladores de Chichenizá no fueron idólatras hasta que *Kukulcan*, capitán mexicano, entró en estas provincias, el cual enseñó la idolatría como ellos dicen que éste les enseñó". Por su parte, Pedro de Santillana, en la "Relación de Quinacama o Moxopipe (ac-

179

tual Muxupip)" (*op. cit.*, pp. 195 *ss.*), a la misma respuesta 14 asienta: "Dicen los antiguos desta provincia, que antiguamente, cerca de ochocientos años ha en esta tierra no idolatraban, y después que los mexicanos entraron en ella y la poseyeron, un capitán que se decía Quetzalcuat en la lengua mexicana... y este capitán susodicho introdujo en esta tierra la idolatría y usó de ídolos por dioses, los cuales hacían hacer de palo y de barro y de piedra, y los hacía adorar y les ofrecían muchas cosas de caza y de mercadurías y, sobre todo, la sangre de sus narices y orejas y corazones de algunos que sacrificaban con sahumerios de copal, que es el encienso desta tierra..."

[20] Esta expresión, "flores y tomar esposas", corresponde en sentido a la de *kam nicté* que el Diccionario de Motul trae por "casarse y el matrimonio", cuando de hombres se trata, porque casarse para mujeres se dice *kam uinic*, que el citado léxico explica que significa "desposado, o esposo que otorga para casarse y condescender de la parte del varón para este efecto". *Kam* significa recibir, y *uinic* varón. *Nicté* es nombre genérico para flor o rosa y en particular de la variedad llamada actualmente en Yucatán Flor de Mayo (Plumeria); además, según el Motul, *Nicté* significa "deshonestidad, vicio de carne y travesuras de mujeres", y *nicteil than*, "palabras deshonestas y lascivas", y *nicteil uinic*, "mala mujer de su cuerpo", etc., de donde se ve que la voz *nicté*, además de indicar flor, es una forma sinónima para indicar sexo femenino.

[21] La mención de las pinturas de las superficies de los muros, la trae Landa (1938, ed yuc., p. 35) al referirse a las casas: "...y que la otra mitad blanquean de muy gentil encalado, y que los señores las tienen pintadas de muchas galanterías, y que esta mitad es el recibimiento y aposento de los guéspedes..." Por su parte, Sánchez de Aguilar (1937, p. 1940), al referirse a los "famosos, grandes, y espantosos edificios de cal y canto, y sillería, y figuras y estatuas de piedra labrada, que dexaron en *Oxumal* [Uxmal] y en *Chichinizá*, que oy se veen, y se pudieran habitar", dice que "...en las paredes destos dexaron los Mexicanos muchas figuras pintadas de colores vivos, que oy se veen de sus sacrificios, y bailes..."

[22] Acerca de *Chuncaan*, el Diccionario de Motul dice: "*ah chun can*: ydolo de los indios antiguos de Mérida Item el cerro grande que está tras Sant Francisco de Mérida". Por su parte, Cogolludo (1867, vol. i, p. 319) relata: "Los de Tihoó, donde está la ciudad de Mérida [tenían] otro [ídolo]

llamado *Ahchun caan.* Y así se llama el cerro, que está al
oriente de nuestro convento, que debía de estar en él."

CUCEB

¹ La constante alusión, en el culto acuático, al árbol
yaxché, ceiba, recuerda los "Árboles de la Abundancia", establecidos por las deidades de la lluvia en alguna de las
ocasiones de su predominio, como símbolos de su poderío.
Del *Yaxché* dice Landa (1938, ed. yuc., pp. 61-62): "Esta vida
futura decían que se dividía en buena y mala vida, en penosa y llena de descansos. La mala y penosa, decían era
para los viciosos; y la buena y deleitable, para los que
hubiesen vivido bien en su manera de vivir; los descansos
que decían habían de alcanzar, si eran buenos, eran ir a un
lugar muy delectable donde ninguna cosa les diese pena, y
donde hubiese abundancia de comidas y bebidas de mucha
dulzura, y un árbol que allá llaman Yaxché, muy fresco
y de gran sombra, que es ceiba, debajo de cuyas ramas y
sombra descansasen y holgasen todos siempre." Núñez de
la Vega (1702, p. 9, nº 32, § XXIX, preámbulo) dice de la
ceiba: "...oy en día en los Calendarios más modernos está
corrupto el nombre latino de Nino en Ymox, pero colocado
siempre en primer lugar, y su adoración alude a la Seiba,
que es un árbol, que tienen en todas las plazas de sus
pueblos a vista de la casa del Cauildo, y debajo de ella
hacen sus elecciones de Alcaldes, y la sahuman con brase-
ros, y tienen por muy assentado, que en las raíces de aquella Seiba son por donde viene su linage, y en vna manta
muy antigua la tienen pintada, y algunos Maestros Nagua-
listas grandes, que se han conuertido han explicado lo re-
ferido, y otras muchas cosas". Chimalpahin Quauhtlehuanitzin usa la expresión *in pochotl in ahuéhuetl*, "la ceiba
(pochote en mexicano), el ahuehuete", como insignia tribal
de un grupo que llama *teotlixcas nonohualcas*, que, provenientes de una región marina no especificada, aparecen en
los altos de México, según sus noticias, hacia mediados del
siglo XIII. Teotlixca quiere decir El-del-rostro-del-sol, nombre que, según Chimalpahin Quauhtlehuanitzin, lo tomaron
porque adoraban al Sol y hacia él se volvían cuando le
reverenciaban. *Nonohualca* es gentilicio de *Nonohualco*, cuya
etimología parece venir de *nonohu(ian)*, "por todas partes,
por todos lados", más *al*, agua, en el dialecto *olmeco mexicano*, con una forma desinencial *-co* que existe en ciertos
toponímicos. El significado de la expresión es algo así como

En-donde-hay-agua-por-todas-partes. La etimología popular de *nonohualco* está derivada de *nontli*, mudo.

2 *Ah Uuc Chapat* o *Ah Uucte Chapat*; este nombre, que aparece algunas veces sin el signo de masculino *Ah*, es el de una deidad nocturna, íntimamente relacionada con la tierra. Beltrán (1859, p. 228) describe el *chapat* como "Sabandija que entra en el oído y mata"; la sabandija no es otra que el ciempiés (*Scolopendra* Sp.).

Este miriápodo aparece en los códices en relación con el tocado de la deidad "D" de Schellhas, que se toma como lunar. Tozzer y Allen hacen notar que la cabeza del *chapat*, en sus representaciones del Códice de Dresden, se asemeja al signo *Akbal*, que significa noche.

3 Véase *n.* 10, en p. 159.

4 Esta referencia a "despojarse de ropas en los días de ayuno y penitencia", halla confirmación como costumbre en la noticia que da Chimalpahin Quauhtlehuanitzin sobre los mexicanos, que, derrotados y fugitivos, se refugiaron en Aztacalco Tulla, en donde desnudos, por penitencia, se pusieron solamente un faldellín de ortigas.

5 Esta expresión o sus equivalentes se encuentran con gran frecuencia en los documentos indígenas. No parece referirse a la madre y el padre en sentido biológico, sino a los príncipes y gobernantes, que son como la madre y el padre del *macehual*.

6 Landa (1938, ed. yuc., p. 77), al referirse al rito de los cazadores, que tenía efecto precisamente el día Siete del mes *Sip*, dice que invocaban "...a los dioses de la caza *Acanum, Zuhuy Sip i Tabai* y otros". Nótese que el numeral del nombre *Ah Uuc Suhuy Sip* es siete. *Sip* es todavía una deidad protectora de los venados en Yucatán y es descrita como un ciervo de gran tamaño que nunca puede ser cogido y que aparece ante el cazador para hacerle errar sus tiros. El morfema *sip* en el maya yucateco está en relación con ideas de errar, librar, morir y ofrendar (para este último significado véase *kuil* en el Diccionario de Motul; véase también *sip* en Sáenz de Santa María, p. 345). El venado era la víctima máxima que se cazaba para ofrendar. Una variente de *Ah Uuc Suhuy Sip* es *Ah Uuc Yol Sip*.

Otro mes maya tenía el propio nombre vulgar del venado, *Ceh*, y los cazadores no hacían en él ninguna ceremonia, sino en el inmediato anterior, llamado *Sac*, que propiciaban nuevamente a las deidades de la caza.

7 Esta es una alusión al sacrificio de sacar corazones

abriendo el pecho de las víctimas con navajones de piedra.
Ya hemos transcrito (*supra*, p. 175) una descripción de Landa (1938, ed. yuc., p. 52) de tal sacrificio, y aun cuando no menciona que el sacrificador apoyara su rodilla en el cuerpo de la víctima, parece necesario que así fuera, para, con tal apoyo, abrirle mejor de un solo golpe el pecho: "Si le habían de sacar el corazón, le traían al patio con gran aparato y compañía de gente y... En esto llegaba el sayón *nacón* con un navajón de piedra, y dábale con mucha destreza y crueldad una cuchillada entre las costillas del lado izquierdo, debajo de la tetilla, y acudíale allí luego con la mano y echaba la mano del corazón, como rabioso tigre; y arrancábaselo vivo y, puesto en un plato, lo daba al sacerdote, el cual iba muy aprisa y untaba a los ídolos los rostros con aquella sangre fresca."

⁸ *Ah Buluc Am* se ha traducido El-once-piedra-labrada, aunque también pudiera traducirse El-once-araña. Se ha escogido la primera forma porque el texto del Cuceb dice que se le llamó así en virtud de que era "la piedra preciosa de los Itzaes". *Am*, según el Diccionario de Motul, significa *araña* y también "dados para jugar". Landa describe *am* como "pedrezuelas de las suertes que echan" y estas pedrezuelas o dados sin duda debían ser cúbicas, ya que *am* es raíz de *amay*, "esquina o cantero". Por qué Moctezuma fue, según el texto mencionado, la piedra preciosa (*tunil*) de los Itzaes, es cosa que no podemos explicar.

⁹ *Hapai Can*, Serpiente-tragadora, es deidad aún conocida entre los lacandones, como un espíritu malvado que absorbe gente con su propio aliento, según Tozzer (1907, p. 94).

¹⁰ A *Itzamná*, deidad agrícola, dice Landa que hacían ofrendas de "empanadas de codornices". A *Tlazoltéotl*, divinidad de las "suciedades sexuales", se la representa en las pinturas indígenas de la altiplanicie con una codorniz en la boca. Tozzer (1941, *n*. 1111) da *Bolon Chac* como uno de los nombres mayas de la codorniz.

¹¹ *Ah Can Ek* es un nombre que puede interpretarse de varios modos ya que *can*, además de numeral, vale por serpiente y *ek* tiene el significado de estrella, aparte del de negro u oscuro.

¹² Compárese lo que dice Tozzer (1907, p. 153) sobre la "soga viva" (*cuxaan zum*), nombre con que se designa a una imaginaria senda celestial que une a Chichen Itzá con Cobá y Tulum, al oriente, y con Uxmal, al sur.

¹³ *Xiuit* es vocablo mexicano; *xíhuitl* según la escritura

tradicional. Significa yerba verde, turquesa y año. En este caso parece estar usado en el primer sentido, como amenaza de los Ah Kines hacia los del culto agrícola: "se marchitará la yerba".

14 Esta expresión, "atado quedará a un árbol la burla del sol", recuerda el sacrificio a saetazos que se verificaba teniendo a la víctima atado a un tronco, columna o árbol, sacrificio que describe Landa (1938, ed. yuc., pp. 51-52) diciendo que había "en los patios de los templos unos altos maderos y labrados y enhiestos, y cerca de las escaleras del templo tenían una peana redonda, ancha, y en medio una piedra de cuatro palmos o cinco de alto, enhiesta, algo delgada; arriba de las escaleras del templo había otra tal peana..." "Y llegado el día, juntábanse en el patio del templo..."

Esta misma ceremonia aparece en "Canción de la Danza del Arquero Flechador", una canción indígena en lengua maya dada a conocer por Barrera Vásquez (1944), en la cual se ve la siguiente descripción de la ceremonia:

> Da tres ligeras vueltas
> alrededor de la columna pétrea pintada,
> aquella donde atado está aquel viril
> muchacho, impoluto, virgen, hombre.
> Da la primera; a la segunda
> coge tu arco, ponle su dardo,
> apúntale al pecho; no es necesario
> que pongas toda tu fuerza para
> asaetearlo; para no
> herirlo hasta lo hondo de sus carnes
> y así pueda sufrir
> poco a poco, que así lo quiso
> El Bello Señor Dios.
> A la segunda vuelta que des a esa
> columna pétrea azul, segunda vuelta
> que dieres, fléchalo otra vez.

15 Según noticia de Barrera Vásquez, los *hmenes* mayas, brujos del culto agrícola, aun en nuestros días, llaman *molboxob*, "juntadores de cortezas", a los individuos que efectúan la tarea de reunir las cortezas del *balché* para la preparación del vino ceremonial. Es curioso saber que tal expresión se considera sagrada, que el vulgo la desconoce y que solamente los *hmenes* son quienes la utilizan y la entienden.

[1] El Tonalámatl o Libro de los Días sirvió a los principales pueblos que habitaron México y Centroamérica como un horóscopo para la predicción del carácter, oficio y otros futuros aspectos de la vida de los recién nacidos, sólo que no eran los astros los que ejercían su buena o mala influencia en el individuo, sino el carácter mismo del signo del día en que nacía, el cual estaba en relación con ciertos atributos asignados al ser o cosa que representaba el signo. Entre los aztecas (véase Sahagún, 1829, libro cuarto: *Arte Adivinatoria*, pp. 279 *ss.*), y posiblemente entre otros pueblos, influía la posición del signo dentro de la trecena; así sabemos que cada signo "gobernaba" trece días inclusive el suyo propio. Si su pronóstico, debido a su carácter esencial, no era favorable, entonces podía contrarrestársele "bautizando" al niño, según Sahagún, en un día de buen pronóstico que se siguiera, que generalmente era el tercero, el séptimo o cualquiera de los cuatro últimos, es decir, del décimo al decimotercero inclusive. Todos éstos de fijo eran buenos por su posición, aparte de sus caracteres esenciales. Las otras posiciones podían ser buenas, malas o indiferentes.

También sirvió el Tonalámatl para la asignación del nombre a los recién nacidos. Desde luego sabemos que los aztecas (Sahagún, *op. cit.*, p. 284), los zapotecas y los mixtecas acostumbraban dar a las personas nombres calendáricos. Torquemada e Ixtlilxóchitl hacen referencia a algunos personajes totonacas llevando nombres calendáricos, aunque traducidos al náhuatl. Deidades del panteón azteca y algunas del quiché (recuérdese que en el *Popol-Vuh* aparecen Hun Camé y Ucub Camé, "Uno Muerte" y "Siete Muerte", etc.) llevaban también esta clase de nombres. De que hubieran practicado los mayas de Yucatán la costumbre de dar nombres calendáricos a los niños hay algunas noticias (véase Roys, 1940, donde aparecen los nombres calendáricos siguientes: Ah Chuen May y Ah Chuen Kauil). Por otra parte, puede deducirse de un párrafo de Landa que, cuando menos hasta cierta edad, los niños llevaban nombres calendáricos: "Nacidos los niños los bañan luego, y quando ya los avían quitado del tormento de allanarles las frentes, y cabezas ivan con ellos a los sacerdotes para q. les viesse el hado, y dissese el officio q. avía de tener, y pusiese el nombre q. avía de tener el tiempo de su niñez, porq. acostumbravan llamar a los niños nombres diferentes hasta q. se

185

baptizavan, o eran grandecillos, y después dexaban aquellos y comenzaban a llamarlos el de los padres hasta q. los casavan q. se llamavan el del padre y de la madre" (Landa, Ms., ff. 26v. y 27f.; copia fotostática, pp. 53 y 54). Otros grupos mayas, como los cakchiqueles (cf. Sáenz de Santa María, 1940, *passim*), sí usaban nombres calendáricos.

Sahagún nos ha legado en el libro cuarto de su *Historia* todo el mecanismo de las veinte trecenas y sus pronósticos, según el sistema que siguieron los aztecas. Los sacerdotes que tenían a su cargo el Tonalámatl se llamaron tonalpouhque, es decir, los que llevan la cuenta de los días, "a los cuales acudía como a profetas, cualquiera a quien les nacía hijo o hija, para informarse de sus condiciones, vida y muerte", según palabras del fraile.

Los mayas de Yucatán llamaron a los mismos sacerdotes, *Ah Kin*, término de significación semejante al del nahua y que dice: el del día, y al acto mismo de la adivinación llamaron *kinyah*. El mismo nombre Ah Kin dieron los indios de Yucatán a los sacerdotes católicos, perdurando hasta ahora esta denominación.

Sobre el método de hacer la predicción por medio del Tonalámatl entre los mayas, no tenemos datos tan precisos como los de Sahagún. Ximénez (1929, vol. I, p. 102) nos transcribe sucintamente: "y cumplido aqueste número los 20 días, vuelven a empezar hasta dar vueltas a ajustar 360 [*sic*] días, dando a cada uno el bien o el mal que a ellos se les antoja, señalando si es buen día o malo para el que nacía en él; y si por aquí veían sus adivinos el día en que el niño nacía y según eso le pronosticaban lo que había de suceder". Como se ve, no nos habla de la intervención del cabalístico trece ni de otros números dentro de la serie. Las crónicas de Yucatán dicen menos que Ximénez. La lista de la veintena con sus respectivos pronósticos no la tenemos de pluma española, pero sí de pluma indígena, aunque anónima y muy elíptica, tal como si sus frases escuetas fueran justamente el equivalente pronunciable de algunos jeroglíficos.

Cuatro versiones diferentes conocemos hasta hoy de la lista de los veinte días y sus pronósticos. Tres en un solo documento: el Chilam Balam de Kaua. Las numeramos por su orden:

Núm. 1. Se encuentra en las páginas 11 y 12 del original (Kaua I).

Num. 2. En las páginas 15 y 14 (Kaua II).

Núm. 3. No conservamos la numeración de las páginas (Kaua III).

Para su estudio, desgraciadamente, no tuvimos las listas directamente del original, sino de un volumen manuscrito que se conserva en la Universidad de Tulane, intitulado originalmente "Crónicas mayas" y posteriormente, en inglés, "Copies of Maya Documents", y que es una compilación de varios de los más importantes documentos originales mayas (véase su descripción en Gropp, 1933, pp. 265 ss.). Nuestras listas están en los folios 75v. a 76v., 77v. a 78r. y 81r/v., respectivamente, de dicho volumen.

La cuarta lista es casi idéntica a la tercera del Kaua. Se halla en el Chilam Balam de Maní (Códice Pérez), en las pp. 94 y 95. De las cuatro versiones, la primera está menos condensada que las tres últimas.

La primera tiene por encabezamiento: "U mutil chuen(n)il kin sansamal u kabaob yahalcab hun kalob u xocolob yahalcab huhunpel kin"; Los pronósticos diarios del Artificio de los Días. Los nombres de los "amaneceres" (signos horoscópicos diarios) son veinte. Se lee (o cuenta) cada "amanecer" (o signo), uno para cada día.

Esta primera lista es meramente la de los nombres sin relación con diferentes periodos, como sucede con las otras tres. Comienza con Kan y termina con Akbal. Cada nombre, con el correspondiente numeral que le toca en las trecenas, siendo Kan el primero (hunil) de la primera trecena, y por consiguiente Caban el primero de la segunda. Después del vigésimo nombre, que es el Uucil Akbal, simplemente para indicar que el movimiento iniciado continúa, está repetido Kan con el numeral uaxac que le tocaría en la segunda repetición de los nombres. Sin embargo, aparte del numeral de la trecena, los días están numerados al margen conforme a la veintena. Así pues, el segundo Kan de la lista vuelve a tener también el número uno. Una nota explica el proceso de continuidad: "Cuando se alcance otra vez 21 signos regrésese atrás (repítase), así como lo hacen los entendidos."

La segunda lista está en relación con los "cargadores de años" de una serie que comienza con el de 1796 y termina con 1821. Los cargadores son Kan, Muluc, Ix y Cauac, que se van sucediendo en su orden hasta cubrir los veintiséis años, que también tienen señalada su correspondiente Letra Dominical cristiana. Paralela a las columnas de años y cargadores está la coincidente de los días y sus pronósticos,

DÍA	ANIMALES	PLANTA
Kan.	Pájaro Merula.	Ceiba roja.
Chicchan.	Serpiente Crótalo.	Ichtyomethia.
Cimi.	Tecolote.	
Manik.	Loro. Quetzal.	Cacao.
Lamat.	Disforme, perro.	
Muluc.	Tiburón. Jaguar.	
Oc.	Lorito Conorus.	
Chuen.		
Eb.	Tordito.	
Been.		
Ix.	Jaguar.	
Men.		
Cib.	Venado-Deidad.	
Caban.	Pájaro carpintero.	
Edznab.	Pájaro Momoto.	
Cauac.	Quetzal.	
Ahau.	Águila rapaz.	
Imix.		Maíz. Flor Plumeria.
Ik.		Flor Plumeria.
Akbal.	Cervatillo.	

OTROS ATRIBUTOS	PRONÓSTICOS
Preciosas aves canoras.	Sabio.
	Iracundo. Criminal.
	Criminal.
Sangre.	Malo.
	Borracho. Hablador Cizañero.
Devoramiento de hijos y de esposas.	Rico hipócrita.
	Adúltero. Sin juicio. Cizañero.
	Inteligente. Tejedor. Carpintero. Rico.
	Rico, dadivoso. Bueno.
	Proletario. Plebeyo.
Sangre.	Sanguinario. Asesino.
Alegría.	Maestro de hacer y de decir.
	Ladrón. Asesino. Cazador.
	Traficante. Curandero. Juicioso. Bueno.
Salud. Pedernal afilado.	Curandero. Sangrador. Valiente. Bueno.
Enfermedad si Cargador de Año.	Imaginativo. Noble.
Devoramiento de niños.	Rico. Juicioso. Valiente. Bueno.
Cometa.	Libidinoso. Indeciso.
Vientos.	Lascivo. Malo.
	Mísero. Plebeyo. Cazador.

comenzando con **2 Kan.** Esta vez los nombres **están** acompañados únicamente de su numeral de trecena.

La tercera lista parece el desarrollo de una rueda, ya que los días están agrupados de cinco en cinco, cada grupo para un punto cardinal. Encabeza la lista esta nota: "Cuenta de los días. Veinte son los pronósticos del uinal: *xoc kin hunkaltuba mutil uinal*". Al final está esta otra: "Para que sea visto diariamente el pronóstico de cualquier persona que nace dentro del Artificio de los Días. Se le cuenta un día de los veinte, sea hombre o mujer. *Licil yilabal u mutil uinic hemax cu sihilob ychil u chuenil kin sansamal. U xocol ti kin hunkaltuba lae ua xiblal uaix chuplal xan*".

La cuarta lista es una versión casi idéntica a la anterior encabezada así: "El atributo pronóstico diario del nombre: *U mutil uinic zanzamal*".

No nos interesa por el momento la clasificación de las listas ni sus relaciones con la cronología, sino desde luego su contenido horoscópico. Todas, esencialmente, contienen lo mismo. Como hemos dicho antes, la primera es la que contiene más texto, es menos elíptica y nos sirvió para la interpretación de las otras. Relacionados con los pronósticos aparecen ciertos animales y plantas que indudablemente constituyen el nahualli y forman la tona de la persona nacida bajo un signo del Chuenil Kin. (Para una discusión completa sobre los términos nahualli, nagual o naual y tona, y el nagualismo en general, véase Brinton, 1894; y entre otros no citados por este autor, Ruiz de Alarcón, *Anales del Museo Nacional*, 1900, pp. 131-134; además, Seler, 1900, p. 5.) La muy completa lista de Sahagún no incluye animales ni plantas en relación con los días. Pero en los Tonalámatl pintados, como el de Aubin y el Borbónico, sí aparecen animales (aves) y dioses, aunque no plantas.

Algunas otras listas han sido publicadas como provenientes del Area Maya. Fuentes y Guzmán (1933) da una (reproducida por Brinton, 1894), que corresponde a enero, en la cual aparecen 31 elementos diferentes (animales, plantas y otras cosas), uno para cada día. No hay en ella nombres de los días, y los elementos que pudieran estar relacionados con ellos, como serpiente, cocodrilo, conejo, etc., no tienen un orden que pudiera establecer la identidad. La Farge II y Byers (1931) incluyeron en su libro sobre los jacaltecas varias listas en que se conservan los nombres de los días, pero sus pronósticos no son nagualísticos o personales, sino que se refieren a la influencia del día en las actividades y bienes de la comunidad.

Lo notable de las listas que estudiamos es precisamente su carácter puramente horoscópico. En ciertos casos aparece una relación íntima entre los atributos y el supuesto significado de los nombres de los días.

La presente traducción ha sido publicada antes por Barrera Vásquez (1939 y 1943), con mayor amplitud.

Jaculatorias de los Ah Kines

1 "La señal de *Hunab Ku* se hará manifiesta con el *Uaom Che*, Madero enhiesto", o bien, "Veréis entonces al ave sobresalir por encima del *Uaom Ché*"; son expresiones que parecen referirse a la ceremonia en honra del fuego conocida en las fuentes nahuas por "*Quauitlicac*, Árbol o palo, o madero enhiesto." Del *Uaom Ché* habla Landa (1938, ed. yuc., p. 21), relatando "la virtud de un palo que en su lengua llamó *Uahomché*, que quiere decir palo enhiesto de gran virtud contra los demonios".

El Lenguaje de Zuyua

1 Según la correlación más admitida, un Katun 3 Ahau terminó precisamente el día 7 de junio de 1638, de modo que en 4 de septiembre de 1628 faltarían 9 años y poco más de 9 meses para que termine.

2 *Balam* es el nombre del jaguar: "*balam ien ic*, cuando el axi o chile comienza a colorear", dice el Diccionario de Motul.

3 Antes de la conquista española, *tzimin* era el nombre aplicado al tapir; después se aplicó también al caballo.

4 *Kan* es el nombre de las cuentas de concha roja, que tuvieron gran valor entre los mayas.

5 En los ritos agrícolas, los mayas ofrendan diversos tipos de pan. La mayor parte de estos panes son a manera de pasteles formados por tortillas de maíz superpuestas en un número dado, que entre una y otra llevan pasta de pepitas de calabaza (*sicil*) o de frijoles (*bu'ul*). El número de tortillas es simbólico y depende de la función que en el rito tiene el pastel. El nombre del pan lo determina en unos casos el número; en otros la función o alguna otra característica. Baeza (1937, p. 9) lo cita con estas palabras: ".. entretanto que se están cociendo bajo tierra, unos panes grandes de maíz, que llaman *canlahuntaz*, esto es, de catorce tortillas o cosas, entreveradas con frijol, cuyo misterio no me han declarado". Los pasteles no se cuecen nunca en comal sino a la barbacoa, es decir, zanjas-hornos.

Para mayores datos véase Redfield y Villa Rojas (1934) y Villa Rojas (1941).

6 La referencia a la Estera y el Trono enterrados en la casa que está bajo el suelo, durante el predominio de los signos acuáticos, parece referirse al hecho de que el ritual a las divinidades terrenas o "infernales" había de ser efectuado en lugares absolutamente oscuros, en excavaciones bajo tierra, en cavernas oscuras, en la parte inferior y más oculta de los adoratorios, para que ni el menor rayo de luz anulase la magia del ritual ofrecido a las divinidades no luminosas. Las ceremonias del *Ch'a-chac*, efectuadas a plena luz del Sol, y otras similares, recuérdese que son hechas para impetrar piedad del Sol por las sequías.

7 *Amate* es el nahuatlismo con que se nombra en México al árbol de cuya corteza fabricaban papel los mesoamericanos. Es una morácea, género *Ficus*, llamada en maya *copo'*.

8 Este nombre es sin duda una variante de *Oxlahun ti Ku*. *Citbil* se ha tomado por Padre Eterno. En el lenguaje cristiano las personas de la Trinidad, hasta el siglo XVIII, se llamaban Dios Citbil, Dios Mehenbil y Dios Espíritu Santo. Beltrán de Santa Rosa (1912, pp. 9, 15 y 16) propuso el cambio de Citbil por *Yumbil,* porque con Citbil "significan los Indios a un Ídolo, el principal de los que aún idolatran". La etimología de *Citbil* es un poco oscura, pero parece referirse a quien crea con la palabra.

9 *Balché* es el nombre maya peninsular del árbol de cuya corteza se hacía —y continúa haciéndose— el vino que lleva el mismo nombre, el cual, a diferencia del pulque de la altiplanicie mexicana, no tiene ahora usos profanos. La planta es una leguminosa, árbol de poca altura, que rinde unas flores de color lila de suave olor. Pertenece al género *Lonchocarpus* y la especie yucateca es *longistylus Pittier*. El vino se prepara haciendo fermentar la corteza, previamente secada al sol, en miel de abejas nativas —*Melipoma*— y agua. La preparación es siempre hecha por el *Ah men* y nunca por profanos; sólo usa de la miel de la melipoma y de agua "virgen" (*suhuy*), recogida de cenotes secretos. Para el maya, agua virgen es aquella que no ha sido vista por mujer. Cuando falta algún cenote secreto, el *Ah men* recurre a los pozos comunes, pero el líquido ha de ser extraído en la madrugada, antes de que las mujeres inicien su cotidiana ocupación de extraerlo.

Actualmente el *balché* se usa en los ritos agrícolas para asperjarlo en la tierra hacia los cuatro puntos cardinales;

para purificar, dándoselo a beber por el pico, a las aves que se sacrifican y para libarlo como parte final de las ceremonias. En algunos festivales públicos muy importantes se suele distribuir a los asistentes, pero estos festivales, tienen siempre un motivo religioso. Véase Redfield (1941, pp. 96, 106, 107, 121, 275 y 296).

Existen muchas menciones del *balché* en las fuentes antiguas y modernas. Landa (1938, ed. yuc. p. 38) informa mal al decir que se hacía de "cierta raíz de un árbol", Sánchez de Aguilar (1937, p. 38), también erróneamente, dice: "Para sus ritos y ceremonias, beben por voto vino, (Balché) que elaboran de la raíz de un árbol especial y de un trigo a propósito..." Sucedía entonces (Landa escribió en 1566 y Sánchez de Aguilar en 1613) que los indios tenían bien guardado el secreto de la fabricación de su vino. Sin embargo, algunas fuentes antiguas dan el dato correcto, como las *Relaciones de Yucatán*, por ejemplo la de Valladolid, escrita en 1579 y reproducida en Landa (*op. cit.*), que asienta (p. 230): "Para estos sacrificios y sus areitos, usaban beber y emborracharse con un vino que ellos hacían de una corteza de un árbol que llaman *balché* y miel de agua"; y agrega: "este vino dicen les causa sanidad, porque con él se purgaban los cuerpos y lanzaban por la boca muchas lombrices; criábanse robustos y los viejos vivían mucho tiempo y frescos... y del vino dicho no se sabe si usan los naturales de él al presente". Menciones modernas se hallan en Tozzer (1907), Thompson (1930), Gann (1918), el mencionado Redfield, etc. Véase también Barrera Vásquez (1941). Hay que hacer notar que este vino sólo se encuentra en uso actualmente entre los mayas de Yucatán y Belice y los lacandones de Chiapas.

[10] El uso del copal en Landa es confuso, pues suele referirse en términos generales "a sus enciensos y zahumerios", sin especificar en cada caso cuál era la materia que ardía. Menciona, sin embargo, dos clases de copal, *zacáh* y *chalhalté*, y dice que el copal se disponía en tablillas, y también que en la ceremonia *Tup Kak* (apagamiento del fuego) hacían corazones de animales con incienso (copal) que eran arrojados al fuego. Expresa asimismo, con frecuencia, que el copal era quemado en las ceremonias de sacar lumbre nueva. Del árbol dice que su flor hacía negra la cera. En nuestros textos, también, el uso del copal se presenta en conexión con el culto al Sol. Por otra parte, en las fuentes nahuas se encuentra una interesante dualidad entre el uso del *Copalli* y el *Ulli*. El primero, como en nuestros textos,

se dedica preferentemente al ritual del fuego o del Sol; el segundo, a los dioses de las aguas y de la fecundidad.

11 Armadillo, *Dasipus* sp.

12 *Sacab, Saca' o Zaca'* es el nombre de una bebida refrescante hecha de maíz cocido sin cal, molido y luego disuelto en agua fría; se bebe endulzada con miel o azúcar o sin endulzar, mordiendo al tomarla un trozo de sal. No es bebida de uso común, sino religioso. Es para ofrendar a los malos vientos a fin de evitar enfermedades. Véase Redfield y Villa Rojas (1934) y Redfield (1941, *passim*). *Sacá* significa agua blanca, de *sac*, blanco, y *(h)t'*, agua.

13 *Pich'um*, los tordos negros, *Dives, dives*.

14 *Haleu* o *haleb* es el *Dasyprocta punctada* Goldman, un desipractido.

15 *Chaya* es el nombre castellanizado de la *chay* maya, euforbiácea cuyas hojas tienen los mismos usos que la espinaca en la cocina yucateca.

Alzamiento de don Antonio Martínez y Saúl

1 Lugar no identificado.

Acontecimiento histórico en un Katun 8 Ahau

1 *Nacxit* es vocablo mexicano. Significa "cuatro patas", de *nahui*, que quiere decir cuatro, e *ixitl*, que quiere decir pie o pata. Es variante de *Náuhyotl*, "el cuatro". En las fuentes históricas del centro de México, el nombre aparece asociado con príncipes del linaje culhua durante la privanza de un numen Quetzalcoatl, "Serpiente quetzal".

Explicación del calendario maya

1 Se refiere claramente al periodo de 13 Katunes que en esta obra se llama Rueda de Katunes. Según el autor de esta explicación, la cuenta comienza con el 8 Ahau, que es como se contaba antes de la conquista española.

2 Se menciona la Rueda, que debió estar pintada en el documento original; las copias existentes actualmente no ostentan ilustración alguna.

3 "...*catun culac ixmakaba kin hop'el kin u uayeb haab; u yail kin.*" Los cinco días aciagos recibían varios nombres y se suelen citar con ellos; *ixmakaba kin* significa días sin nombre, aunque el significado es metafórico, porque sí tenían nombre. *U uayeb haab*, también escrito *uayeyab*, significa la ponzoña del año; véase Diccionario de Motul: "*uaay...*, emponzoñar y hacer llagas y desollar la leche de algunos árboles cuando los tocan"; *"uayaan*, cosa emponzoñada, inficionada o dañada..." *U yaıl kin* es como decir los más dañosos y dolorosos días. Véase *ya* en el Diccionario de Motul.

⁴ Véase en Landa (1938, ed. yuc., pp. 62-72) la explicación del rito de los días aciagos y del año nuevo.

⁵ Don Juan Xiu de Oxkutzcab es el mismo que firma en 1685 la página 66 de los documentos de la familia Xiu, reproducida en Morley (1920, p. 417).

⁶ No pueden ser 312 años los que formaban una Rueda de Katunes, porque cada katun era un periodo fijo de 20 tunes de 360 días, pero está claro que aquí se cuentan katunes de 24 años, cuya autenticidad se ha puesto en duda. Véase Tozzer (1941, pp. 166-167).

BIBLIOGRAFÍA

Anales de Quauhtinchan
Véase *Historia Tolteca-Chichimeca.*

Avendaño y Loyola, Andrés de
1696   *Relación de las dos entradas que hize a
         la conuersión de los gentiles Itzaex, y
         Cehaches...* Ms. 1040. Edward E. Ayer
         Collection, Newberry Library. Chicago.
         (Extractos por A. Barrera Vásquez,
         Chicago, 1934.)

Baqueiro Anduze, Oswaldo
1937   *La Maya y el Problema de la Cultura In-
         dígena.* Mérida.

Barrera Vásquez, Alfredo
1935   "Baltasar Mutul, autor de un libro de
         Jesucristo y de un discurso sobre la
         Misa, en lengua maya", en *Maya Re-
         search,* 2, pp. 299-301.
1939   "El Códice Pérez", en *Revista Mexicana
         de Estudios Antropológicos,* vol. 3, nº 1.
1939a   "La Identificación de la Deidad E de
         Schellhas", en *Cuadernos Mayas,* nº 2.
         Mérida.
1941   "Sobre la significación de algunos nom-
         bres de signos del Calendario Maya",
         en *Los Mayas Antiguos,* pp. 81-85. Mé-
         xico.
1941a   "El Pulque entre los Mayas", en *Cuader-
         nos Mayas,* nº 3 Mérida.
1943   "Horóscopos Mayas o El Pronóstico de los
         20 Signos del Tzolkin, según los Libros
         de Chilam Balam de Káua y de Maní",
         en *Registro de Cultura Yucateca,* año
         I, nº 6, pp. 4-33. México.

1944   "Canción de la Danza del Arquero Flecha-
        dor", en *Tlalocan*, vol. I, nº 4, pp. 273-
        277. Sacramento, Cal.
1957   Códice de Calkiní. Campeche (Traducción
        de la Crónica de Calkiní).

Barrera Vásquez Alfredo y Silvanus G. Morley
1949   The Maya Chronicles in Carnegie Institu-
        tion of Washington, Publication 585, pp.
        1-86. Washington, D. C.

Bassauri Carlos
1931   *Tojolabales, Tzeltales y Mayas*. México.

Beltrán de Santa Rosa, Pedro
1859   *Arte del idioma maya reducido a sucintas
        reglas y semilexicón Yucateco*. Mérida.
        (Originalmente publicado en 1746 Mé-
        xico.)
1912   *Declaración de la Doctrina Cristiana en el
        Idioma Yucateco*. Mérida.

Berendt, Carl Hermann
        Para la lista completa de sus copias de
        los Mss. mayas, ver Brinton (1900) o
        Tozzer (1921, pp. 218-222).

Bote, Juan y Gaspar Antonio Chi
        "Relación de Teabo", en *Relaciones de Yu-
        catán*, vol. I.

Brasseur de Bourbourg, Charles Étienne
1864   *Relation des choses de Yucatan de Diego
        de Landa*. París.

Brinton, Daniel Garrison
1882   *The Maya Chronicles*. Library of Aborigi-
        nal American Literature, nº 1. Filadelfia.
1883   "The folk-lore of Yucatan", en *Folk-Lore
        Journal*, I, pp. 244-256. Londres.
1900   "Catalogue of the Berendt Linguistic Col-
        lection", en *Bulletin of the Free Mu-
        seum of Science and Art*, vol. 2, nº 4,
        pp. 203-234. Filadelfia.

(1937)   El folk-lore de Yucatán. Mérida.
(1940)   "Los libros de Chilam Balam", en Martí-
          nez Hernández (1940).

Calkiní, Crónica de
          Ms. Original perdido. Reproducido por
          Gates. Ver Barrera Vásquez, Alfredo.
          1957.

Carrillo y Ancona, Crescencio
1878-82   Véase Carrillo y Ancona (1883).
1883   Historia Antigua de Yucatán. Mérida.
1890   Estudio filológico sobre el nombre de
          América.
1895   El obispado de Yucatán. Historia de su
          fundación y de sus obispos desde el si-
          glo xvi, hasta el xix. 2 vols. Mérida.
1937   Disertación sobre la historia de la lengua
          maya o yucateca. Mérida.

Cartas de Indias
1877   Publícalas por primera vez el Ministerio
          de Fomento. Madrid.

(Ciudad Real, Antonio de)
1873   Relación breve y verdadera de algunas co-
          sas de las muchas que sucedieron al
          Padre Fray Alonso Ponce en las pro-
          vincias de la Nueva España... escrita
          por dos religiosos, sus compañeros... 2
          vols. Madrid.

Cogolludo, Diego López
1688   Historia de Yucatán. Madrid.
1867-68   Historia de Yucatán... 3ª ed. 2 vols.
          Mérida.

Copies of Maya Documents (Crónicas Mayas)
          Sf. Ms. En Middle American Research
          Institute de Nueva Orleans (Tulane
          University).

Chac Xulub Chen, Crónica de
1882   En Brinton (1882). Véase Martínez Her-
          nández (1909a).

Charancey (Charles Félix Hyacinte Gouhier), Comte de
1875   *Essai d'analyse grammaticale d'un texte en langue Maya*. El Havre.

Chi, Gaspar Antonio
1941   "Probanzas", en Landa (1941).

Chumayel, El Libro de Chilam Balam de
Ms. Original en manos del Sr. Julio Berzunza, de Durhan, Nueva Hampshire, E. U. A. (1945). Reproducción facsimilar por Gordon (1913), Universidad de Pennsylvania.

Chumayel, Book of Chilam Balam of
1913   *The Book of Chilam Balam of Chumayel, with introduction by G. B. Gordon.* Univ. Mus., Anthropol. Pub., vol 5. Filadelfia.

1930   Véase Médiz Bolio (1930).
1933   Véase Roys (1933).

Domínguez y Argáiz, Francisco Eugenio
1758   *Pláticas de los principales mysterios de nuestra Santa Fee... Hechas en el idioma yucateco.* México.

Escalona Ramos, Alberto
1933   *Historia de los Mayas por sus crónicas.* Mérida.

Fuentes y Guzmán, Francisco de
1933   "Recordación florida", en *Historia de Guatemala*, Guatemala.

Gates, William
(1924)   The William Gates Collection. American Art Assoc., Inc. Nueva York.

Gordon, G. B.
1913   Véase Chumayel (1913).

Granado Baeza, Bartolomé del
1937   *Los indios de Yucatán... Informe rendidido en 1813...* Mérida.

Gropp, Arthur E.
1934   *Manuscripts in the Departament of Mid-*

dle *American Research*. Mid. Amer. Research Ser., Pub. 5. Nueva Orleans.

Hernández, Francisco
1909   "Relación", en Las Casas, Bartolomé de: *Apologética historia de los Indios*. Madrid.

Historia Tolteca-Chichimeca
1947   *Historia Tolteca-Chichimeca. Anales de Quauhtinchan*. Versión... por Enrique Berlín y Silvia Rendón. México.

Ixil, El Libro de Chilam Balam de
Ms. Original en el Museo Nacional de Antropología de México. Reproducción fotostática.

Jakeman, M. Wells
1945   *The Origins and History of the Mayas. Part 1, Introductory Investigations*. Los Angeles.

Kaua, El Libro de Chilam Balam de
Ms. Original perdido, Reproducido por Gates. Copia por Solís Alcalá en la Biblioteca Carrillo y Ancona en Mérida, Yuc. Transcripcion por Roys en Middle American Research Institute de Nueva Orleans (Tulane University), en donde existen otras copias. Véase Roys (1929).

La Farge, Oliver y Douglas Byers
1931   *The Year Bearer's People*. Middle Amer. Research Ser., Pub. 3. Nueva Orleans.

Landa, Diego de
1566   Ms. *Relación de las Cosas de Yucatán sacada de lo que escribió el padre Diego de Landa de la orden de St. Francisco.* Original en la Academia de la Historia de Madrid. Copia fotostática.
1938   *Relación de las cosas de Yucatán.* Ed. Rosado Escalante y Ontiveros con una introducción por Alfredo Barrera Vásquez. Mérida.

201

1941   *Landa's Relación de las cosas de Yucatán. A translation edited with notes by Alfred M. Tozzer.* Mus. Harvard Univ., vol. 18. Cambridge.

Las Casas, Fr. Bartolomé de
1909   *Apologética Historia de las Indias.* En Nueva Biblioteca de Autores Españoles. Historiadores de Indias, vol. I. Madrid.

Lizana, Bernardo de
1893   *Historia de Yucatán. Devocionario de Ntra. Sra. de Izamal, y conquista espiritual.* México.

Makemson, Maud Worcester
1951   *The Book of the Jaguar Priest: A translation of the Book of Chilam Balam of Tizimin,* with commentary. New York.

Maní, El Libro de Chilam Balam de
     Ms. Original perdido. Parcialmente incluido en el Códice Pérez.

Martínez Alomía, Gustavo
1906   *Historiadores de Yucatán. Apuntes biográficos de los historiadores de esta península desde su descubrimiento hasta fines del siglo xix.* Campeche.

Martínez Hernández, Juan
1909   *El Chilam Balam de Maní.* Códice Pérez. Mérida.
1909a   Ms. *Las Crónicas Mayas. Revisión y traducción del texto de las crónicas de Chicxulub, de Maní, de Tizimín, de Chumayel.*
1910   "Los grandes ciclos de la historia Maya según el manuscrito de Chumayel", Compte-rendu del XVII Cong. Internac. Americanistas. Mérida.
1912   "Los grandes ciclos de la historia Maya según el manuscrito de Chumayel", en *Proc. 17th Int. Cong. Amer.,* pp. 180-213.

1913   "La creacion del mundo según los mayas. Páginas inéditas del manuscrito de Chumayel", en *Proc. 18th Int. Cong. Amer.*, pp. 164-171. Londres.

1926   "Crónica de Maní", en *Boletín de la Universidad Nacional del Sureste*, pp. 160-169. Mérida.

(1926)   *Crónicas Mayas. (Maní, Tizimín, Chumayel 1ª y 3ª).* Mérida.

1926a   *Crónicas Mayas. La Crónica de Yaxkukul.* Mérida.

1929   *Diccionario de Motul. Maya-Español.* Mérida.

(1940)   *Crónicas Mayas* 2ª edic. a cargo de Carlos R. Menéndez. Mérida.

Médiz Bolio, Antonio
1930   *Libro de Chilam Balam de Chumayel. Traducción del idioma maya al castellano.* San José, Costa Rica.

1935   *Síntesis mística de la historia maya, según el Chilam Balam de Chumayel.* México.

Menéndez, Carlos R.
(1940)   Véase Martínez Hernández (1940).

Molina Solís, Juan Francisco
1896   *Historia del descubrimiento y conquista de Yucatán con una reseña de la historia antigua de esta península.* Mérida.

Morán, Pedro
ca. 1577   Ms. *Bocabulario de sólo los nombres de la Lengua Pocomán.* Reproducción fotográfica en Middle American Research Institute de Nueva Orleans (Tulane University).

Morley, S. G.
1911   "The historical value of the books of Chilam Balam", en *Amer. Jour. Arch.*, 2d. ser., vol. 15, pp. 195-214.

1920   *The Inscriptions at Copan*. Carnegie Inst. Wash., Pub. 219. Washington.

1947   *La Civilización Maya*. México.

Motul, Diccionario de
ca. 1577   Ms. Maya-Español y Español-Maya. Original en John Carter Brown Library. Providence, R. 1. Véase Martínez Hernández (1929).

Nah, El Libro de Chilam Balam de
      Ms. Últimamente en la Colección Gates Reproducido por él mismo.

Oxkutzcab, Crónica de
      Ms. Original en el Peabody Museum. Reproducido por Gates y por C. P. Bowditch. También llamado *Crónica Xiu*. Contiene principalmente documentos de "Probanzas" de la Familia Xiu de Oxkutzcab.

Pacheco Cruz, Santiago
1934   *Estudio etnográfico de los Mayas del ex Territorio de Quintana Roo*. Mérida.

Palacios, Enrique Juan
1929   "Romántica. Historia del Códice de Tizimín", en *El Universal*. México.

Palma y Palma, Eulogio
1901   *Los mayas*. Motul, Yuc.

Pech, Nakuk
      Véase *Chac Xulub Chen*.

Pech Naum
1926   *Crónica de Yaxkukul*. Véase Martínez Hernández (1926).

Pérez, Códice.
ca. 1837   Ms. Original en manos de la familia Escalante, de Mérida, Yuc., Méx. Reproducción fotográfica en Carnegie Institution of Washington. Contiene parcialmente el *Libro de Chilam Balam* de Maní y textos del de Ixil, y además

Documentos de tierras de Sotuta. Véase Barrera Vásquez (1939).

1949 Traducción libre del maya al castellano por el Dr. Ermilo Solís Alcalá, Mérida, Yuc.

Pérez, Juan Pío
1866-77 *Diccionario de la lengua Maya.* Mérida.
1898 *Coordinación Alfabética de las Voces del Idioma Maya.* Mérida.

Ponce, Alonso de San Juan
1873 Véase Ciudad Real (1873).

Popol Vuh
1947 *Popol Vuh. Las Antiguas Historias del Quiché.* Traducidas... por Adrián Recinos. México.

Raynaud, Georges
1891-92 "L'histoire d'après les documents en langue Yucateque (Chilam Balam)", en *Archives de la Société Américaine de France* (N. S.), vol. 7, pp. 145-159.

Redfield, Robert
1941 *The Folk Culture of Yucatan.* Chicago.

Redfield, Robert y Villa Rojas, Alfonso
1934 *Chan Kom, a Maya Village.* Carnegie Inst. Wash., Pub. nº 448. Washington, D. C.

Relaciones de Yucatán
1898-1900 *Colección de documentos inéditos relativos al descubrimiento, conquista y organización de las antiguas posesiones españolas de ultramar.* 2ª ser., vols. 11 y 13. Madrid.

Rendón, Silvia
1947 Ms. *Las Relaciones de Don Domingo de San Antón Muñón Chimalpahin Quauhtehuanitzin.* México.

Roys, Ralph L.
1920 "A Maya account of creation", *Amer. Anthrop.* (N. S.), vol. 22, pp. 360-366.

1929   Ms. *Annotated transcription of the Chilam Balam of Kaua*, made for the Department of Middle American Research, Tulane University, Nueva Orleans.

1931   *The Ethno-botany of the Maya*. Middle Amer. Research Ser. Pub. 2. Nueva Orleans.

1933   *The Book of Chilam Balam of Chumayel*. Carnegie Inst. Wash. Pub. 438. Washington, D. C.

1940   *Personal names of the Maya of Yucatan*. Carnegie Inst. Wash. Pub. 523, Contrib. 31. Washington, D. C.

1943   *The Indian background of colonial Yucatan*. Carnegie Inst. Wash. Pub. 548. Washington, D. C.

1946   *The Book of Chilam Balam of Ixil*. Carnegie Institution of Washington, Notes on Middle American Archaeology and Ethnology, Nº 75. Cambridge.

1949   *The Prophecies for the Maya tuns or years in the Books of Chilam Balam of Tizimin and Mani*. In Carnegie Institution of Washington, Publication 581. Washington, D. C.

1949a   Guide to the Codex Perez, *Ibid.*

Sáenz de Santa María, Carmelo
1940   *Diccionario Cakchiquel-Español*. Recopilado por Carmelo Sáenz de Santa María. Guatemala. Véase Varela (*ca.* 1620).

Sahagún, Bernardino de
1938   *Historia general de las cosas de Nueva España*. 5 vols. México.

Sánchez de Aguilar, Pedro
1937   *Informe contra idolorum cultores del Obispado de Yucatán*. Mérida.

Scholes, F. V. y E. B. Adams.
1938   *Don Diego Quijada, Alcalde Mayor de Yucatán*, 2 vols. México.

206

Seler, Eduard
1902-23   *Gesammelte Abhandlungen zur Amerika-
           nischen Sprach- und Altertumskunde.*
           5 vols. Berlín.

Solís Alcalá, Ermilo
1927   "11 Ahau-Katun 13 Nicté-Katun", en *Bole-
           tín de la Universidad Nacional del Su-
           reste*, pp. 355-357. Mérida.
1949   Ver Códice Pérez.

Stephens, John L.
1843   *Incidents of travel in Yucatan.* 2 vols. Nue-
           va York.

Tapia Zenteno, Carlos de
1767   *Noticia de la Lengua Huasteca.* México.

Tekax, El Libro de Chilam Balam de
           Ms. Ultimamente en la Colección Gates.
           Véase Gates (1924, nº 956). Reproduc-
           ción fotográfica en Middle American
           Research Institute de Nueva Orleans
           (Tulane University).

Thomas, Cyrus
1882   *Study of the manuschipt Troano.* Contri-
           butions to North American Ethnology,
           vol. 5. Washington.

Thompson, J. Eric
1930   *Ethnology of the Mayas of southern and
           central British Honduras.* Field Mu-
           seum of Natural History. Anthropolog-
           ical Series, vol. 17, nº 2. Chicago.
1950   *Maya Hieroglyphic Writing: Introduction.*
           Carnegie Institution of Washington.
           Publication 589. Washington, D. C.

Tizimín, El Libro de Chilam Balam de
           Ms. Original en la Biblioteca del Museo
           Nacional de Antropología, México, D. F.
           Reprod. fotostática. Ver Makemson, 1941.

Tozzer, Alfred M.
1907   A comparative study of the Mayas and the Lacandones. Nueva York.
1917   "The Chilam Balam books and the possibility of their translation", en *Proc. 19th Int. Cong. Americanists* (1915, pp. 178-186). Washington.
1921   A Maya grammar with bibliography and appraisement of the works noted. Papers Peabody Mus. Harvard Univ., vol. 9. Cambridge.
1941   Ver Landa (1941).

Tozzer, Alfred M., y Allen, Glover M.
1910   Animal figures in the Maya Codices. Peabody Mus. Papers. 14, 3, pp. 273-372. Cambridge, Mass.

Tusik, El Libro de Chilam Balam de
        Ms. Original en Tusik, Quintana Roo, México. Reproducción Fotográfica en Carnegie Institution of Washington. Transcripción por Barrera Vásquez.

Varela, Fr. Francisco
ca. 1620   Ms. *Vocabulario Kakchiquel*. Copia del siglo XVII en la Biblioteca del Museo Nacional de Antropología, México. D.F. Sirvió de base a Sáenz de Santamaría (1940).

Valentini, Phillip J. J.
1880   The Katunes of Maya history. Worcester.

Viena, Diccionario de
        Ms. *Bocabulario de mayathan por su abecedario (Español-maya)*. Original en la National Bibliothek. Viena.

Villacorta C., J. Antonio y Carlos A. Villacorta
1933   Códices Mayas. Guatemala.

Ximénez, Francisco
1929   Historia de la Provincia de San Vicente de Chiapas y Guatemala. Guatemala.

Xiu, Juan

En Morley (1920, p. 471).

Zúñiga, Dionisio de

ca. 1630   Ms. *Diccionario Pokomchi-Castellano y Castellano-Pokomchi de San Cristóbal Cahcoh (Maremagnum Pokomchi)*. Reproducción fotostática en la Biblioteca de Nueva Orleans (Tulane University).

ÍNDICE

Este libro se terminó de imprimir y encuadernar en el mes de diciembre de 1998 en Impresora y Encuadernadora Progreso, S. A. de C. V. (IEPSA), Calz. de San Lorenzo, 244; 09830 México, D. F. Se tiraron 3 000 ejemplares.